Josephin Warring

FREIZEITFÜHRER

OSTFRIESLAND
FRIESLAND
OSTFRIESISCHE INSELN

1000 Freizeittipps, Ausflugsziele,
Sehenswürdigkeiten, Freizeitsport, Kultur,
Feste, Veranstaltungen

Wartberg Verlag

Titelbild:
Tjalk Engelina in Westrhauderfehn

Fotonachweis:

Die Fotos in diesem Buch wurden von den jeweiligen Stadt- und
Gemeindeverwaltungen bzw. von den Verkehrsvereinen oder Tourismusbüros
zur Verfügung gestellt, außer S. 14, 15, 17 (Bockhorn) von Renate Weber
und Ubbo Bandy, S. 19-24, 33, 34 (Borkum) von Foto Schiffner, S. 60, 61, 70 (Hinte)
von Dieter Harberts, S. 78, 105 (Krummhörn) vom Soltau-Kurier Norden, S. 92, 94
(Moormerland) von Foto Wulf, S. 122-124, 142 (Rhauderfehn) von Almina Gerdes,
S. 140, 146 (Varel) von Wolfram Meisel, S. 143, 160, 161 (Westoverledingen)
von Foto Unkel, S. 144 (Wilhelmshaven) von Foto-Design Klaus Schreiber, S. 165
(Wilhelmshaven) von Gaby Timm und Axel Biewer, S. 166 (Wilhelmshaven)
von Foto-Design Gert Mahlitz, S. 170 (Wilhelmshaven) von Foto-Lübbe,
S. 175, 176 (Wittmund) von Janfried Abels.

Redaktion: Josephin Warring
Satz und Layout: Kempken DTP-Service, Marburg
Druck: Werbedruck GmbH Horst Schreckhase, Spangenberg
© Wartberg Verlag GmbH & Co. KG
34281 Gudensberg-Gleichen, Im Wiesental 1; Tel. 05603/93050
ISBN 3-86134-658-3

Inhalt

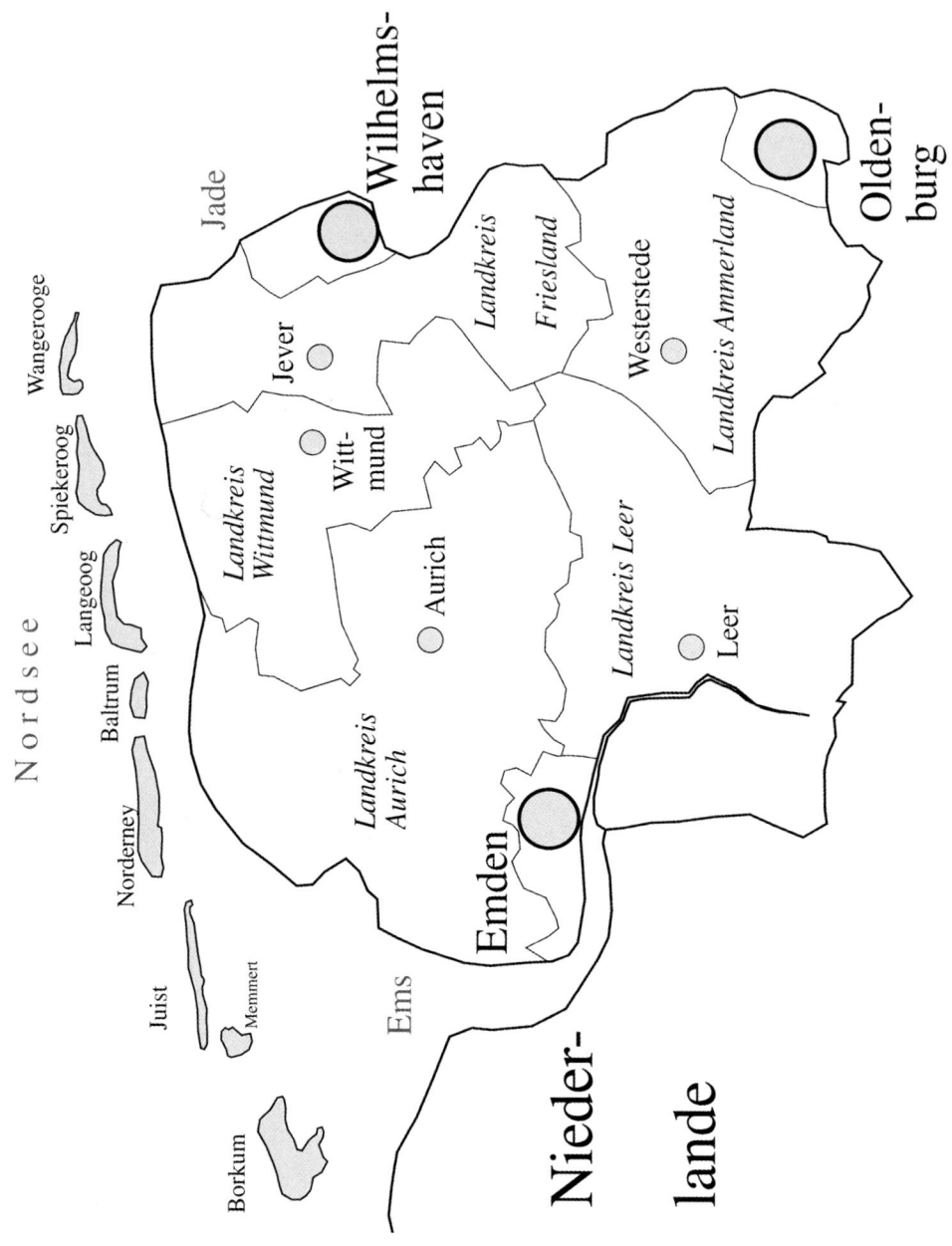

Nordsee

Wangerooge

Spiekeroog

Langeoog

Baltrum

Norderney

Juist

Memmert

Borkum

Jade

Wilhelms-haven

Jever

Landkreis Wittmund

Witt-mund

Landkreis Aurich

Aurich

Emden

Ems

Landkreis Friesland

Westerstede

Landkreis Ammerland

Olden-burg

Landkreis Leer

Leer

Nieder-lande

Übersichtskarte

4

Vorwort

Wohin beim nächsten Sonntagsausflug? Was tun bei Regenwetter?

Der Freizeitführer möchte Ihnen bei der Planung Ihrer Ausflüge behilflich sein. Mit Unterstützung der Städte, Gemeinden und Fremdenverkehrsämter der Kreise Ammerland, Friesland, Wittmund, Aurich und Leer sowie der kreisfreien Städte Emden, Oldenburg, Wilhelmshaven und der Ostfriesischen Inseln haben wir in diesem Buch „1000 Freizeittips" zusammengestellt, die Ihnen in Zukunft Ihre Planungen erleichtern sollen.

Der Freizeitführer stellt die Orte mit ihren Ortsteilen in alphabetischer Reihenfolge vor. Ein umfangreiches Orts- und Stichwortregister ermöglicht das schnelle Auffinden der Ziele und gibt Ihnen Anregungen für die individuelle Planung. Auch die Übersichtskarten am Ende des Buches helfen bei der Orientierung. Ein Veranstaltungskalender, der die jährlich wiederkehrenden Termine aufzeigt, führt Sie – wenn Sie möchten – von Fest zu Fest.

Bei allen Tips haben wir uns bemüht, Ihnen die genauen Adressen, Öffnungszeiten und Telefonnummern anzugeben, um Ihnen unnötige Wege und Enttäuschungen zu ersparen. Sämtliche Informationen sind mehrfach auf ihre Richtigkeit überprüft worden. Nach Redaktionsschluß wurden die Texte den betreffenden Gemeinden noch einmal zur Korrektur vorgelegt. Sollten sich dennoch Fehler eingeschlichen haben, bitten wir Sie, uns diese mitzuteilen, damit wir sie in der nächsten Ausgabe berichtigen können. Ebenso würden wir uns über Anregungen und Ergänzungen von Ihnen freuen.

Ein besonderer Dank gilt den Fremdenverkehrsverbänden, Gemeinden und Städten, die uns ihr Bildmaterial überlassen haben.

Aurich

(Landkreis Aurich, Kreisstadt)

Die Kreisstadt Aurich liegt im Zentrum Ostfrieslands, rund 30 Kilometer von der Nordseeküste entfernt. Über den Ems-Jade-Kanal ist Aurich direkt mit den Nordseehäfen Emden und Wilhelmshaven verbunden. Die Ursprungssiedlung wurde erstmalig um 1300 als „St. Lambertshof" und 1345 als „Aurich-Hof" erwähnt. Die entstehende Ortschaft wurde von einer Burg geschützt, die das Häuptlingsgeschlecht der tom Brok in der zweiten Hälfte des 14. Jahrhunderts an der Stelle des heutigen Piqueurhofes anlegen ließ. 1491 erhielt Aurich Stadtrechte. 1561 verlegte Edzard II. die Residenz der Grafschaft von Emden nach Aurich und zog hier alle Landesbehörden zusammen. Aurich wurde zur Hauptstadt der Grafschaft und des späteren Fürstentums Ostfriesland. Das Aussterben der Fürstenfamilie Cirksena im Jahre 1744 bedeutete gleichzeitig das Ende des fürstlichen Hofes in Aurich. Ostfriesland fiel an das Königreich Preußen. Aurich blieb aber Sitz der Landesbehörden, erhielt eine Kriegs- und Domänenkammer und wurde Regierungshauptstadt der Preußischen Provinz Ostfriesland. Im Zuge der Gebietsreform 1972 schloß sich Aurich mit 20 umliegenden Gemeinden zur neuen Stadt Aurich mit rund 34045 Einwohnern zusammen. Die Funktion als Regierungshauptstadt ging zum 01. Februar 1978 verloren. Aurich ist seitdem neben Osnabrück Sitz einer Außenstelle. **Information:** Verkehrsverein Aurich-Ostfriesland e.V., Norderstraße 32, Tel.: 04941/44-64 oder -65 oder 4278.

Sehenswertes

Bei einem Aufenthalt in Aurich sollte man einen Besuch der Lambertikirche nicht versäumen. Ihr wuchtiger Kirchturm, in seiner heutigen Form zeigt er sich seit 1662, beherrscht auch heute noch das Stadtbild und gilt als Auricher Wahrzeichen. Die heutige Lambertikirche stammt aus dem Jahre 1835. Sehenswert sind weiterhin der Schloßplatz mit Schloß und Marstall, die Gebäude der Ostfriesischen Landschaft, das Mausoleum der ostfriesischen Fürsten, das Historische Museum in der Innenstadt (Öffnungszeiten: während der Saison, Di-Sa 11.00-17.00 Uhr, So 15.00-18.00 Uhr, Tel.: 04941/18311), der Sous-Turm auf dem Marktplatz, das Mühlenmuseum, die Teestube (Öffnungszeiten: Di-Sa 11.00-13.00 Uhr und 15.00-19.00 Uhr, So 14.30-18.00 Uhr; Adresse: Oldersumer Straße 28, Tel.: 04941/18989 oder 4464 oder 4465) und Upstalsboom (historische Versammlungsstätte der freien Friesen im Mittelalter) und „Dat Wallinghus" am Stadtrand. „Dat Wallinghus" ist von April bis Oktober jeden Sonntag geöffnet. Es beherbergt u.a. ein Kutschenmuseum, Tel.: 04941/64808.

Freizeitangebote

Angeln

Ostfriesland beherbergt mit 850 Kilometern laufendem Bach, vielen Seen und Binnenmeeren das größte Angelrevier Deutschlands. Voraussetzung ist die Sportfischereiprüfung. Für das Nordseeangeln ist ein Jahresfischerschein erforderlich. Gastkarten sind erhältlich bei „Samen Tholen", Norderstraße, Tel.: 04941/3335.

Kutschfahrten

Wenn Sie an einer Kutschfahrt teilnehmen möchten, können Sie sich an folgende Adressen wenden: E. Wilken, Tel.: 04942/2542; I. Rieken, Tel.: 04941/64982; H. Günther, Tel.: 04941/65133.

Boßeln

Boßeln ist ein ostfriesischer Volkssport, an dem jeder teilnehmen kann. Auskünfte erteilt der Verkehrsverein Aurich unter Tel.: 04941/4464.

Wandern/Radfahren

In Ostfriesland gibt es zahlreiche gut ausgebaute Rad- und Wanderwege. Besonders zu empfehlen ist der Weg, der parallel zum 67 Kilometer langen Ems-Jade-Kanal verläuft sowie zwei Fernwanderwege, die sich in Aurich kreuzen: der Ostfriesland-Wanderweg und die letzte Etappe der Ruhr-Nordsee-Tour. Zu empfehlen ist außerdem die Teilnahme an einer naturkundlichen Wanderung durch den Wald zwischen Wiesens und Brockzetel. Information: Fremdenverkehrsbüro Aurich.

Fahrradverleih

Anschrift: Fahrzeughaus Best, Egelser Straße, Tel.: 04941/5525.

Reiten

Für Pferdeliebhaber stehen folgende Adressen zur Verfügung: Reitverein Birkenhof, Tel.: 04941/180284; Reitsportverein Ths., Tel.: 04941/71130; Reitverein Brockzetel, Tel.: 04948/401; Upstalsboom, Tel.: 04941/4536.

Segelfliegen

Seit 1964 gehen die Ostfriesen „in die Luft". Damals wurde der Segelflugplatz in Brockzetel angelegt. Der Flugplatz ist für Segelflieger, Motorsegler und Schleppflugzeuge zugelassen. Nähere Auskünfte sind unter Tel.: 04941/2846 erhältlich.

Schwimmen

Schwimmen kann man im „Ewigen Meer" bei Tannenhausen oder im modernen Freizeitpark mit Badesee, weißen Stränden sowie Liege- und Spielflächen. Natürlich besteht auch jederzeit die Möglichkeit, ein Bad in der Nordsee zu nehmen. Zusätzlich ist während der Sommerzeit das Freibad in der Blücherstraße geöffnet; Tel.: 04941/63493. Für die Wintermonate stehen folgende Hallenbäder zur Verfügung: Städtisches Hallenbad, Tel.: 04941/2841; Hallenbad im Hotel Piqueurhof, Tel.: 04941/95529; Hallenbad im Hotel Köhlers Forsthaus, Tel.: 04941/17920.

Skaten

Im Auricher Inline-Center ist genügend Platz, um Kurven- und Bremstechnik sowie rhythmische Lauftechnik zu erlernen. Nach einem Lehrgang kann man auf den gut ausgebauten, ebenen Radwegen oder am Deich skaten. Information: Finkenburgweg 9, Tel.: 04941/7180810; Öffnungszeiten: Mo-Fr 14.00-22.00 Uhr, Sa und So 10.00-22.00 Uhr.

Feste und Veranstaltungen

Die Ostfriesen feiern gern. Ein Beispiel ist das Stadtfest im August mit den unterschiedlichsten Festivitäten.

Bad Zwischenahn
(Landkreis Ammerland)

Das staatlich anerkannte Moorheilbad Bad Zwischenahn befindet sich am drittgrößten See Niedersachsens, dem Zwischenahner Meer. Seine tiefste Stelle mißt ca. 6 Meter, sein Umfang beträgt 11 Kilometer. Bad Zwischenahn blickt auf eine lange Geschichte zurück. Bereits um das Jahr 1124 wurde mit der Errichtung des ersten Feldsteinbaus, der St.-Johannes-Kirche, begonnen. 1108 fand die jährliche Abgabe von Aalen aus dem Zwischenahner Meer an das Kloster Iburg ihre Erwähnung. 1857 wurde das „Kaltwasser-Bad zu Zwischenahn am Zwischenahner Meer im Oldenburgischen" eröffnet, im Jahre 1870 begann die Fährschiffahrt auf dem See und 1919 erhielt Zwischenahn die Genehmigung, sich „Bad" zu nennen. **Information:** Kurverwaltung Bad Zwischenahn, Auf dem Hohen Ufer 24, Tel.: 04403/590-81 und -82.

Ortsführungen

Individuelle Führungen für Gruppen und Vereine werden über die Kurverwaltung angeboten. Info-Tel.: 04403/59081-3.

Sehenswertes

St.-Johannes-Kirche

Die 1124 vom Grafen Egilmar gegründete St.-Johannes-Kirche beherbergt ein Fresko aus dem Jahr 1512 mit dem Thema des Jüngsten Gerichts. Die Empore stammt von 1662. Den auf die Zeit um 1525 datierten Flügelaltar schuf ein Schüler des Meisters von Osnabrück. Im Jahr 1649 entstand der Glockenturm, in dem noch heute die 1489 gegossene St.-Annen-Glocke läutet. Kirch- und Glockenturm sind die ältesten Wahrzeichen Bad Zwischenahns.

Aussichtsturm

Der Aussichtsturm ist eigentlich ein Wasserturm mit einer Höhe von 35 Metern. Er wurde im Jahre 1937 nach den Plänen des bekannten Architekten Paul Höger aus Hamburg erbaut. Heute werden die Räume vom Verein Bad Zwischenahner Woche e.V. genutzt. Wer die 180 Stufen zur Aussichtsplattform erklimmt, wird mit einem herrlichen Ausblick belohnt. Lage: Dränkweg. Öffnungszeiten: April bis Oktober täglich 9.00-18.00 Uhr.

Windmühle

Die 1912 errichtete und im Zweiten Weltkrieg stark zerstörte Windmühle in Ekern erstrahlt wieder im alten Glanz. Im Herbst 1997 erhielt sie eine neue Klappe und Flügel. Die unter Denkmalschutz stehende Ekener Mühle ist die einzige Originalmühle Bad Zwischenahns, die als Galerieholländer errichtet worden ist. In ihrer Art ist sie einzigartig, da es sich um den ersten Bau im Oldenburger Land handelt, der im unteren Teil in Stahlbetonbauweise ausgeführt worden ist. Die Mühle ist voll funktionsfähig und befindet sich im Privatbesitz von Müllermeister H. Roßkamp. Sie liegt an der Edewechter Straße und kann jederzeit von außen besichtigt werden.

Ammerländer Heimatmuseum

Das Ammerländer Heimatmuseum aus dem Jahr 1910 umfaßt insgesamt 16 Gebäude, wie z.B. das Ammerländer Bauernhaus, den

Windmühle in Bad Zwischenahn

Spieker, die Windmühle usw. Das Bauernhaus unterliegt dem Verein für Heimatpflege. Info-Tel.: 04403/2071; Öffnungszeiten des Bauernhauses: April bis September täglich 10.00-18.00 Uhr, Oktober bis März täglich 10.00-17.00 Uhr. Öffnungszeiten des Einraumhauses und der Schmiede: April bis September 15.00-18.00 Uhr. Öffnungszeiten des Dweersack, des Heuerhauses und der Mühle: April bis September 15.00-18.00 Uhr, zusätzlich Sa und So 10.00-12.00 Uhr.

Museum Specken

Das Museum Specken ist in einer ehemaligen Schnapsbrennerei untergebracht. Der Verein für Heimatpflege erwarb 1992 das Gebäude und baute es in jahrelanger Arbeit zu einem Museum mit Gaststätte „Museumskroog Junker van der Specken" um. Zu sehen sind alte Ammerländer Möbel, Ackerwagen und Kutschen. Derzeitige Wechselausstellungen sind: „Archäologische Funde rund um das Zwischenahner Meer", „Vom Flachs zum Leinen und Blaudruckherstellung" und „Bienenkörbe". Lage: Ortsteil Specken, Speckener Weg 34, Öffnungszeiten: Sa 14.00-17.00 Uhr, So 11.00-17.00 Uhr.

Altes Handwerk

Ammerländer Binsenstühle: Drechslerei – Tischlerei; Adresse: August-Heinrich-Str.

31, Ofen, Tel.: 0441/9699063; Öffnungszeiten: Mo-Fr 7.00-18.00 Uhr.

Ostdeutsche Heimatstube

Die Ostdeutsche Heimatstube dokumentiert mit ca. 2000 Bildern, Dokumenten und Kreisbüchern der ostdeutschen Siedlungen ein Stück Heimatgeschichte. Adresse: Auf dem Winkel 8, Tel.: 04403/4130; Öffnungszeiten: Mo-Fr 15.00-18.00 Uhr.

Geburtshaus Dr. Schüßler

Der bekannte Arzt und Begründer der Biochemie, Dr. Wilhelm Heinrich Schüßler, wurde 1821 in Bad Zwischenahn geboren. Sein Geburtshaus befindet sich in der Peterstraße. Dr. Schüßler hat im 19. Jahrhundert maßgeblich dazu beigetragen, die weithin mystisch-mythisch orientierte Medizin auf eine naturwissenschaftlich-analytische Ebene zu bringen. Dankbare Patienten gründeten im Jahr 1985 den Biochemischen Verein Oldenburg.

Galerie Moderne

In der Galerie Moderne finden regelmäßig Kunstausstellungen statt. Adresse: Am Delft 37, Tel.: 04403/5429; Öffnungszeiten: Mi 15.00-18.00 Uhr, Sa und So 11.00-17.00 Uhr.

Dreibergen

Der Ort Dreibergen befindet sich am Nordufer des Zwischenahner Meeres. Es handelt sich hierbei um drei künstlich aus Erde und Lehm aufgeschüttete „Berge" für die ehemalige Burg Elmendorf. Die historische Anlage ähnelt einem Treppenviertel auf Hügeln.

Gartenculturzentrum

Das Gartenculturzentrum Rostrup ist einen Besuch wert. Es beheimatet die weltgrößte und bedeutendste Sammlung von Rhododendren, Azaleen, Heidepflanzen und Coniferen.

Freizeitangebote

Wandern/Radfahren

Gut ausgebaute Rad- und Rundwege laden zu Touren durch die Natur ein. Spaziergänger kommen in den zahlreich vorhandenen Grünanlagen voll auf ihre Kosten. Zu nennen sind der Strandpark, der Kurpark, der Ufergarten, die Auwiese, der Botanische Irrgarten, der Naturpark Wiesengrund, der Landschaftspark Rostrup, die Seggenwiese, die Wiese Grotewisch, die Naturschutz-Idylle Stamershop, die Ahrenswiese, die Kreuzwiese und das Engelsmeer. Zu empfehlen ist außerdem der naturkundliche Lehrpfad, der einmal um den See herum führt. Radwanderkarten sind in der Kurverwaltung erhältlich.

Fahrradverleih

Adressen: In der Horst 3, Tel.: 04403/2301; Weißer Weg 1, Tel.: 04403/3640; Im Alten Hof 1A, Tel.: 04403/3173.

Angeln

Angelkarten für das Angeln im Zwischenahner Meer sind nach Vorlage eines Sportfischerprüfungsscheins in der Kurverwaltung erhältlich. Info-Tel.: 04403/59081-83. Außerdem besteht die Möglichkeit, im 7 Hektar großen Forellensee beim „Kösterhof" im Hermann-Ehlers-Weg 2, Ofen, zu angeln. Info-Tel.: 0441/69404.

Rudern/Tretbootfahren/Segeln

Wer das Zwischenahner Meer vom Wasser aus kennenlernen möchte, kann sich ein Tret-, Ruder- oder Segelboot mieten. Bootsanleger befinden sich in Bad Zwischenahn und Dreibergen. Anschrift: Dreiberger Straße 10, Tel.: 04403/8405 oder 8358. Information: Zwischenahner Segelclub von 1893 e.V., das Klubhaus befindet sich am Seerosenweg, Tel.: 04403/916185 oder Zwischenahner Yacht-Club Eyhausen, Tel.: 04403/4972.

Fährfahrt/Seerundfahrt

Die regelmäßig auf dem Zwischenahner Meer verkehrende Fähre der Reederei H. Ekkenga AG lädt zu einer Seerund- oder Überfahrt ein. Info-Tel.: 04403/3056.

Golf

Nur wenige hundert Meter vom Zwischenahner Meer entfernt ist ein neuer Golfpark entstanden. Landschafts- und Naturschutzgebiete umrahmen das Golfgelände, ziehen sich sogar mitten hindurch und schaffen eine optisch reizvolle Kulisse. Information: Golfclub Am Meer e.V., Tel.: 04403/63866. Ein weiterer Golfplatz befindet sich in Rastede-Wemkendorf/Heimat Greenfee, Tel. 04402/7240.

Kutschfahrt

Eine Kutschfahrt kann man unter der Tel.: 04405/49437 (Adresse: Am Esch 11, Edewecht) oder unter der Tel.: 04403/4592 (Adresse: Behntweg 11, Kayhausen) buchen.

Reiten

Adressen: Freizeitpark „Neumann's Ponyhof", Bad Zwischenahn-Dänikhorst, Tel.: 04403/93520; Reitclub Helle e.V., Tel.: 04403/8852.

Schwimmen

In den Sommermonaten erfreut sich das Freibad „Badepark" großer Beliebtheit. Öffnungszeiten während der Saison: Mo 12.00-19.30 Uhr, Di-Fr 6.30-19.30 Uhr, Sa und So 9.30-19.00 Uhr. Bei kühlerer Witterung empfiehlt sich ein Besuch des Wellenhallenbads im Kurzentrum direkt am See. Tel.: 04403/61-684; Öffnungszeiten: Mo 14.00-21.00 Uhr, Di 9.00-21.00 Uhr, Mi 10.00-21.00 Uhr, Do 9.00-21.00 Uhr, Fr 10.00-21.00 Uhr, Sa 9.00-18.00 Uhr, So 8.00-18.00 Uhr. Ein weiteres Hallenbad befindet sich beim Gymnasium in der Humboldtstraße, Tel.: 04403/3473. Wer im Zwischenahner Meer baden möchte, kann folgende Badestellen aufsuchen: Bad Zwischenahn, Dreibergen, Rostrup und Jagdhaus Eiden.

Segelfliegen

Wer einmal durch die Lüfte segeln möchte, ist beim Luftsportverein Oldenburg – Bad Zwischenahn an der richtigen Adresse: Segelflugplatz in Rostrup, Tel.: 0441/83812.

Feste und Veranstaltungen

Kulturelles

Der Verein der Kunstfreunde Bad Zwischenahn e.V. bietet ein buntes Programm mit Musik (Klassik, Jazz), bildender Kunst (Bilderausstellungen, Mal- und Aquarellkurse), Literatur (Literaturabende finden im Haus der Begegnung, Unter den Eichen, jeden zweiten Donnerstag im Monat statt) und Theater. Im Sommer wird das Programm durch Veranstaltungen auf der Freilichtbühne abgerundet. Kurkonzerte finden in der Wandelhalle statt. Die Termine werden kurzfristig bekannt gegeben. Info-Tel.: 04403/939650. Genauere Informationen sind bei der Kurverwaltung und der Wandelhalle erhältlich. Monatlich erscheint die Gästezeitschrift „Meer & Flair" mit Veranstaltungskalender.

Baltrum
(Landkreis Aurich)

Es ist nachweisbar, daß Baltrum mindestens seit dem 14. Jahrhundert besiedelt ist. Die Insulaner haben ihr Leben als Schiffer und Fischer im ständigen Kampf mit der See behauptet. 1825 brachte eine besonders schwere Sturmflut schlechte Zeiten über die Insel und zerstörte den mit viel Fleiß erworbenen Wohlstand. Im 19. Jahrhundert waren dann schon Spuren eines bescheidenen Badebetriebs erkennbar, der nach dem Ersten Weltkrieg einen ersten großen Aufschwung erlebte. Mit Unterbrechungen entwickelte sich der Fremdenverkehr bis heute zu einem starken Wirtschaftszweig. Trotz des Aufschwungs hat Baltrum sein liebenswertes Wesen und seine „natürlichen" Schätze nicht verloren. Baltrum ist übrigens autofrei. Sie können Ihren Wagen beim Garagenbetrieb in Neßmersiel abstellen (Neßmersieler Garagenbetriebe, Westerdeicher Str. 63, Tel.: 04933/2223, 721 oder 2363). **Information:** Nordseeheilbad Insel Baltrum, Gemeinde- und Kurverwaltung, Rathaus, Haus-Nr. 130, Tel.: 04939/80-0, Fax: 04939/ 80-27.

Sehenswertes

In beiden Ortsteilen gibt es noch denkmalgeschützte Insulanerhäuschen, die größtenteils noch bewohnt sind. Sehenswert ist auch das Nationalparkhaus mit Inselkammer. Hier wird eine einmalige Ausstellung von Fauna und Flora des Nationalparks Wattenmeer präsentiert. Videos, Vorträge und naturkundliche Wanderungen runden das Angebot ab. Der Heimatverein Baltrum e.V. zeigt Interessantes aus der Geschichte der Insel in der Inselkammer, darunter befindet sich u.a. eine sehenswerte Bernsteinsammlung. Außerdem werden auf Video überspielte, alte, einzigartige Filme gezeigt (Termine: siehe Plakataushang).

Freizeitangebote

Wandern/Radfahren

Fahrräder sind auf der kleinen Insel überflüssig und nicht erwünscht. Man kann alles bequem zu Fuß erreichen. Um Tier- und Pflanzenwelt zu schützen, wird darum gebeten, die Wege nicht zu verlassen. Wenn Sie sich ins Wattenmeer vorwagen möchten, sollten Sie dies nicht ohne sachkundige Führung tun. Zu viele Gefahren lauern auf den unerfahrenen Gast – und: die Flut kommt schneller als man laufen kann. Information: Nationalparkhaus (angeboten werden Watt- und naturkundliche Wanderungen; Treffpunkt für Wattwanderungen: Info-Gebäude am Hafen; Termine: siehe Plakataushang).

Schwimmen

An erster Stelle steht natürlich das erfrischende Bad in der Nordsee. Die Badezeiten, die von Ebbe und Flut abhängig sind, werden per Aushang bekannt gegeben. In der kalten Jahreszeit müssen Sie auf echtes Meerwasser aber keinesfalls verzichten. Das Meerwasser-Hallenbad SindBad (Info-Tel.: 04939/80-61) bietet auch im Winter Badevergnügen und Saunaspaß.

Gymnastik/Strandsport

Am Strand kann man sich so richtig austoben. Von Beachvolleyball über Strandgymnastik bis hin zum traditionellen Burgenbauen ist alles möglich. Strandgymnastik wird von Mai bis September jeden Morgen angeboten.

Surfen/Kajak

Ullis Surfschule bietet Anfängern und Fortgeschrittenen optimales Surfvergnügen. Durch eine vorgelagerte Sandbank kommen sowohl Speedpiloten als auch Wellenfreaks auf ihre Kosten. Information: Ulfert Mammen, an der Strandpromenade (Übergang Strandhotel) oder Haus Wattenblick, Haus Nr. 192, Tel.: 04939/433. Wer ein Kajak mieten möchte, ist bei Uwe Wietjes direkt am Strand (Tel.: 04939/553 oder 0173/9337617) an der richtigen Adresse.

Reiten/Kutschfahrten

Reiten ist nur auf den gekennzeichneten Reitwegen erlaubt. Ponys stellen die Besitzer gegen eine Gebühr zur Verfügung. Informationen zum Thema Reiten, Kutschfahrten und Inseltaxi sind erhältlich unter Tel.: 04939/ 347, 914091.

Tennis

Tennis wird auf Baltrum groß geschrieben. Alle Plätze sind mit Kunstrasen belegt. Aus-

kunft und Anmeldung: H. Bock, Haus Nr. 136, Tel.: 04939/699 und 91830. Wer an Einzel-, Gruppenunterricht, Kinderkursen oder Videoschulung interessiert ist, kann sich unter Tel.: 04939/553 informieren.

Schiffsfahrten

Tagesausflüge zu den benachbarten Inseln, auf See oder nach Helgoland sind besonders empfehlenswerte Unternehmungen. Information: Reederei Baltrum-Linie, Tel.: 04939/ 9130-0, Zeiten für Telefonauskunft: Mo-Fr 9.00-12.00 Uhr und 15.00-17.00 Uhr, Sa 10.00-11.00 Uhr. Die Abfahrtszeiten werden durch Plakataushang und Handzettel bekannt gegeben.

Fliegen

Von Bremen, Norden-Norddeich oder Harle können Sie per Flugzeug anreisen. Wer Baltrum und das Wattenmeer einmal aus der Vogelperspektive kennenlernen oder mit dem Flugzeug nach Helgoland, zum Festland oder zu den Nachbarinseln übersetzen möchte, kann sich an folgende Adresse wenden: Flugplatz Baltrum, Tel.: 04939/914040 oder LFH, Tel.: 04464/94810.

Feste und Veranstaltungen

Sie haben die Qual der Wahl. Das Programm reicht vom Shanty-Chor und der Gitarrengruppe über Vorträge bis hin zur Inselbühne. Die Inselbühne des Kultur- und Sportvereins Baltrum spielt in der Regel mittwochs in der Turnhalle. Bei Straßenfesten, Riesenfeten, Bootsclub- und Flugplatzfeiern ist die ganze Insel auf den Beinen. Aber auch Freunde klassischer Konzerte und Kleinkunst kommen auf ihre Kosten.

Oldtimer-Markt ...

Bockhorn
(Landkreis Friesland)

Der staatlich anerkannte Erholungsort Bockhorn befindet sich im Herzen der „Friesischen Wehde". Die Wehde bietet eine einzigartige Landschaftsvielfalt mit Mooren, Heide, Marsch, Watt und Wäldern. Wann Bockhorn entstanden ist, liegt im Dunkeln. Aber daß die Gegend schon vor Christi Geburt besiedelt war, bezeugen Funde aus der Jungsteinzeit, der Bronze- und der Eisenzeit. Sein Name, „Bochorne", taucht zum ersten Male in einer Urkunde aus dem Jahr 1220 auf. Das Grundwort „horna" bedeutet „gebogene Flur", das heutige „Bock" (ursprünglich „buoca") heißt

Buche. Schon im frühen Mittelalter war Bockhorn ein vielbesuchter Wallfahrts- und Marktort mit eigener Gerichtsbarkeit. In den Jahren 1334 und 1362 brachten zwei Sturmfluten (Clemens-, Marcellusflut) starke Landverluste und unermeßliche Not über die Bevölkerung. **Information:** Verkehrsverein der Gemeinde Bockhorn e.V., Am Markt 1, im Rathaus, Tel.: 04453/70830.

Sehenswertes

Kirchen

Die evangelische Kirche St. Cosmas und Damian befindet sich am Marktplatz auf einem künstlichen Hügel. Der Glockenturm ist jün-

… in Bockhorn

ger als die Umfangsmauern des Kirchenschiffs, das im Jahre 1200 aus Findlingssteinen aufgemauert wurde. Wer die Kirche besichtigen möchte, kann den Schlüssel im evangelischen Gemeindezentrum während der Öffnungszeiten Mo-Fr 8.00-12.00 Uhr und Do 14.00-17.30 Uhr erhalten. Für Gruppen bieten die Gästeführerinnen Führungen nach Vereinbarung an. Auskunft erteilt der Verkehrsverein. Sehenswert ist auch die Kirche St. Maria in Hilgenholt, in der Hilgenholter Straße. Sie wurde 1953 von dem schlesischen Architekten Erich Kosian entworfen. In ihrer einfachen und schlichten Form, aus Bockhorner Klinkern erstellt, paßt sie sich mit dem langgezogenen Dach der hiesigen Landschaft und Bauweise an. Die Kirche ist täglich von 9.00-16.30 Uhr geöffnet.

Skulptur „Ziegeleiarbeiter"

Bei den lebensgroßen Bronzefiguren auf dem Marktplatz handelt es sich um zwei sitzende Ziegeleiarbeiter. Die Tonobjekte stellen überdimensionale Klinker in verschiedenen Größen dar. Thematisch bezieht sich der Künstler Heinz Jürgen Gerdes auf die lange Tradition der Klinkerindustrie, die bis heute lebendig ist. Dabei nimmt er durch die Tonobjekte einerseits Bezug auf die große Bedeutung der Klinkerindustrie für die Region, andererseits hebt er durch die Darstellung der zwei ruhenden Ziegeleiarbeiter sowohl die menschliche Leistung, als auch die mit der schweren Arbeit verbundenen Belastungen hervor.

Klinkerzentrum

Das Klinkerzentrum ist ein Informationsbüro für Architekten, Bauherren und alle, die sich für das Produkt „Bockhorner Klinker" interessieren. In den Ausstellungsräumen werden die Produkte der Klinkerwerke vorgestellt. Öffnungszeiten: Mo-Fr 9.00-16.00 Uhr, Sa 9.00-12.00 Uhr.

Mini-Museum

In den Räumen der ehemaligen Posthalterei (Sielstraße 3, Bockhorn-Ellenserdammersiel) befindet sich heute das Mini-Museum. Es zeigt Haushaltsgegenstände und Trachten aus vergangenen Jahrhunderten. Öffnungszeiten: Mi 15.00-18.00 Uhr und nach Vereinbarung. Tel.: 04453/71113.

Klosterhöfe

Die Klosterhöfe gehörten einst zum Johanniter-Kloster in Bredehorn. Das Kloster selber gibt es heute leider nicht mehr, vorhanden und noch bewirtschaftet sind aber die vier Klosterhöfe Jührden, Grabhorn, Bredehorn und Lindern. In der Saison werden geführte Radwanderungen zu den ehemaligen Klosterhöfen angeboten. Auskünfte erteilt der Verkehrsverein. In dem zu Lindern gehörenden Wald befindet sich ein Hügel, der „Hohe Burg" genannt wird. An den verfallenen aber noch deutlich erkennbaren Gräben ist zu erahnen, daß hier einst eine kleine Burg stand.

Steinhausen

Die Ortschaft Steinhausen gewann im Jahre 1994 den Wettbewerb „Frieslands schönstes Dorf". Das Ortsbild wird von alten Klinkerstraßen und -häusern, die teilweise mit Reet gedeckt sind, geprägt. Wenn man die alte, mit Klinkern gepflasterte Dorfstraße heraufkommt, fällt einem ein eigenartiges, kleines Bauwerk ins Auge. Es ist das Spritzenhaus. Seine äußere Form gleicht einem Schiffsaufbau mit einem Mast und einem Wimpel. Es trägt zur Erinnerung an frühere Zeiten die Inschrift „Erinnerung an Steenhusens Seefohrt". An der Klinkerstraße befindet sich außerdem die „Altdeutsche Diele", ein bekanntes Gasthaus, das um 1740 im niedersächsischen Baustil mit hölzernem Fachwerk erbaut wurde. Von Steinhausen lohnt sich eine Fahrt über die Sielstraße nach Ellenserdammersiel. Zu beachten ist, daß das erste Stück der Sielstraße nur mit dem Fahrrad befahren werden darf. Pkw müssen direkt über die Ortseinfahrt Ellenserdammersiel von der anderen Seite an die Sielstraße fahren.

Freizeitangebote

Angeln

Die erforderlichen Erlaubnisscheine erhält man unter folgender Adresse: Gartenstraße 2, Tel.: 04453/7534. Für den Erwerb dieser Scheine ist die Vorlage des Sportfischerprüfungszeugnisses erforderlich. Angeln kann man in zahlreichen Gewässern, wie z.B. im Friedeburger Tief, in der Woppenkamper Bäke, im Steinhauser und im Zeteler Tief. In den Nachbargemeinden gibt es mehrere Forellengewässer, in denen man auch ohne Sportfischerprüfungszeugnis angeln darf. Die unmittelbare Nähe zur Nordseeküste ermöglicht ohne großen Zeitaufwand auch das Hochsee- und Makrelenangeln auf einem Fischkutter. Für das Angeln im Wattenmeer reicht die Vorlage des Personalausweises.

Speedwayrennen in Moorwinkelsdamm

Schwimmen

Das Erlebnisbad Bockhorn lädt zu einem Besuch ein. Tel.: 04453/7460. Lage: Urwaldstraße; Öffnungszeiten: Mo-Fr 6.30-21.00 Uhr, Sa 9.00-21.00 Uhr, So 9.00-21.00 Uhr. Die Saison des Freibads beginnt im Mai und endet im September. In der Wintersaison steht das Hallenbad Varel in der Haferkampstraße zur Verfügung.

Boule/Petanque

Auf dem Gelände der Mini-Golf-Anlage in der Urwaldstraße befindet sich eine turnierfähige Boule-Bahn mit einer Spielfläche von 20 x 15 Metern. Spielausrüstung kann mitgebracht oder vor Ort geliehen werden. Die Anlage ist von Mai bis September täglich von 14.00-21.00 Uhr geöffnet.

Wandern/Radfahren

Besonders interessant ist die Teilnahme an einer geführten Radwanderung, die während der Saison von den Gästeführerinnen angeboten wird. Die Termine gibt das Verkehrsbüro bekannt. Ein herrliches Waldgebiet, das zwischen Bockhorn, Zetel und Neuenburg liegt, ist der Staatsforst Neuenburg. Er lädt Wanderer und Spaziergänger zu einem Ausflug auf reizvollen Wanderwegen ein. Besonders zu empfehlen ist die Teilnahme an einer Watt- und Moorwanderung. Ausgangspunkt für geführte Wattwanderungen sind jeweils die Küstenbadeorte. Auskünfte erteilt der Verkehrsverein. Die Termine sind dem monatlichen Veranstaltungskalender des Verkehrsvereins zu entnehmen. Info-Tel.: 04458/256.

Fahrradverleih

Anschriften: H. Swegat, Kranenkamper Straße 2, Tel.: 04453/72380; Andree's Fahrradverleih, Südstraße 1, Tel.: 04453/71460, H. Borgwardt, Hauptstraße 18, Grabstede, Tel.: 04452/8585.

Sport

Der TUS Grabstede e.V. bietet allen Gästen die Möglichkeit, an den Übungsabenden teilzunehmen. Angeboten werden u.a. Kinderturnen, Tischtennis, Volleyball, Gymnastik. Die Termine gibt das Büro des Verkehrsvereins bekannt.

Rundflug

Informationen über Rund- und Charterflüge sowie Flüge zu den Inseln sind erhältlich beim Flugplatz Mariensiel bei Wilhelmshaven. Tel.: 04421/201085.

Schießsport

Der Schützenverein Bockhorn e.V. freut sich über Gäste, die am Übungsschießen, jeweils dienstags und freitags ab 20.00 Uhr auf der Schießanlage des Hotels Hornbüssel, teilnehmen möchten. Auskunft unter der Tel.: 04453/71257 oder an Schießabenden in der Schießhalle unter Tel.: 04453/71809.

Feste und Veranstaltungen

Das Veranstaltungsprogramm ist im Rathaus erhältlich. Ob Oldtimer-Markt, Heidefest, Sportwoche, Bockhorner Markt, Speedway-Rennen, Seifenkistenrennen, Schützenfest oder Life-Auftritte – in Bockhorn gibt es fast immer einen Anlaß zum Feiern.

Borkum
(Landkreis Leer)

Borkum ist die westlichste und die größte der ostfriesischen Inseln in der südlichen Nordsee. Erste Erwähnung fand Borkum bereits durch die römischen und griechischen Zeitzeugen Plinius, Strabo und Tacitus. Der Grieche Strabo nannte die große Insel an der Emsmündung „Burchanis". Unter heutigem Namen wurde Borkum erstmals urkundlich im Jahre 1398 erwähnt. Die Bewohner hatten sich und ihr Land immer wieder gegen Sturmfluten zu verteidigen. Ein volksmundlicher Spruch lautete schon damals: „Gott schuf das Meer, der Friese die Küste". Wichtigste Wirtschaftszweige im 16. und 17. Jahrhundert waren Seehandel, Seeraub und Walfang. Erst zu Beginn des 19. Jahrhunderts begann sich die Insel langsam zum Kur- und Heilbad zu entwickeln. Nach dem Zweiten Weltkrieg, im Zuge des allgemeinen Trends zu deutschen Seeheilbädern, wuchs Borkum schließlich zu einer der größten deutschen Urlaubsinseln an. **Information:** Tourist-Information, Am Georg-Schütte-Platz 5, Tel.: 04922/933-0, Fax: 04922/933-104 und -112; Kurverwaltung, Goethestr. 1, Tel.: 04922/3030, Fax: 04922/4800, Stadtverwaltung, Neue Straße 1, Tel.: 04922/303-0, Fax: 04922/3200.

Ortsführungen/Inselrundfahrten

Ortsführungen finden dienstags und freitags um 10.00 Uhr statt. Treffpunkt: Telefonhäuschen an der Kurverwaltung. Wer lieber mit dem Fahrrad die Insel erkundet, kann an einer geführten Radtour teilnehmen. Wann? Sonntags um 10.00 Uhr; Treffpunkt: Verleih Frank Schumacher, Fauermannspad 5. Information: B. Begemann, Tel.: 04922/4798. Außerdem können Sie die Insel per Bustour erkunden. Veranstalter: Borkumer Kleinbahn, Bahnhof, Tel.: 04922/3090; Inselrundfahrt Ebeling, Tel.: 04922/44959.

Sehenswertes

Leuchttürme

Einen Rundblick aus 60,3 Metern Höhe genießt man vom Neuen Leuchtturm an der Strandstraße. Er stammt aus dem Jahr 1879 und ist noch in Betrieb. Öffnungszeiten: April bis Oktober täglich, sonst 3x wöchentlich. Der Alte Leuchtturm an der Kirchstraße mit einem Friedhof aus der Walfängerzeit datiert auf das Jahr 1576. Er ist das Wahrzeichen Borkums. Öffnungszeiten: ganzjährig. Die genauen Zeiten können Sie den Bekanntmachungen an den Leuchttürmen entnehmen und im Info-Magazin der Kurverwaltung nachlesen.

Der Alte (links) und der Neue Leuchtturm von Borkum (rechts)

Luftaufnahme von Borkum mit Stadt und Strand

Nordseeaquarium

Das Nordseeaquarium zeigt die Unterwasserwelt Borkums. Es befindet sich am Südstrand, an der Sonnenterrasse. Öffnungszeiten: März bis Oktober.

Kunstausstellungen

Kunstausstellungen werden im Kurhaus und in der Kurhalle am Meer geboten. Info-Tel.: 04922/933-114.

Museen

Wer sich für die Schiffahrt interessiert, sollte sich einen Besuch des Schiffahrtsmuseums in der Kurhalle am Meer nicht entgehen lassen. Es präsentiert historische Schiffsmodelle, Fischereifahrzeuge, Handelsschiffe und Boote aus der Nord- und Ostsee. Ebenfalls interessant ist das Heimatmuseum Dykhus. Besonderes Ausstellungsstück ist das präparierte Skelett eines Pottwals. Adresse: am Alten Leuchtturm, Roelof-Gerritz-Meyer-Straße (Tel.: 04922/4860 oder 4905).

Feuerschiff Borkumriff

Das Feuerschiff Borkumriff ist technisches Kulturdenkmal und Nationalparkschiff mit Informationszentrum Wattenmeer und Nordseeschutz. Geboten werden ausführliche Informationen, Seminare, Führungen und Übungen zum Thema Nordsee und Umwelt. Adresse: Im Schutzhafen, Tel.: 04922/ 2030.

Historische Inselbahn

Besonders sehenswert ist die historische Inselbahn mit der 1940 erbauten Dampflok „Borkum", die teilweise wieder im Regelverkehr eingesetzt wird. Der „Kaiserwagen" stammt aus dem Jahr 1905 und der Schienenbus „Schweineschnäutzchen" aus dem Jahr 1940.

Freizeitangebote

Wandern/Radfahren/Skaten

Das Verkehrsmittel der Insel ist das Fahrrad. Aber auch immer mehr Skater entdecken die flache Landschaft. Herrliche Strände und eine bezaubernde Landschaft bieten die Kulisse für erholsame Wanderungen und Touren. Auf 120 Kilometern ausgebauten und markierten Wegen läßt sich die Insel gut auf eigene Faust erkunden. Besonders reizvoll ist eine Abendwanderung, bei der man das Watt mit seinen vielen Vogelstimmen „hören lernen" kann. Tip: Wanderkarte mit „natürlichen" Sehenswürdigkeiten, Wissenswertem und Tourenvorschlägen, Herausgeber: Nationalparkverwaltung Niedersächsisches Wattenmeer. Wer gerne flaniert, sollte die 4,5 Kilometer lange Strandpromenade besuchen. Hier gilt das Motto „sehen und gesehen werden". Die Promenade ist für Fahrzeuge aller Art gesperrt und bietet daher ungestörte Spazierfreuden.

Angeln

In den Küstengewässern ist freies Fischen gestattet. Angeln können Sie von den Buhnen, im Hafen und auf Angelfahrten. Die nötige Gastkarte für Vereinsgewässer (Hoppschlot) erhalten Sie unter Tel.: 04922/1887.

Dampflok „Borkum" der Inselbahn

Urlaubs- und Badefreuden am Borkumer Strand

Schwimmen/Saunieren

Bewachte Badestrände erlauben ein sicheres Bad in der Nordsee. Zu nennen sind der Nord-, Süd-, Jugend- und der FKK-Strand. Am FKK-Strand im Norden können Sauna-Freunde in der Strandsauna schwitzen. Öffnungszeiten der Strandsauna: 1. Mai bis 15. September täglich 11.00-17.00 Uhr, Fr und Sa 11.00-21.00 Uhr; Info-Tel.: 04922/1729 oder 2681. Wer lieber überdacht schwimmt und schwitzt, sollte das Meerwasser-Wellen-Hallenbad besuchen. Es ist das größte seiner Art in Europa.

Reiten

Geboten werden Ausritte, Unterricht für Anfänger und Fortgeschrittene in der Halle und im Freien, Geländetraining, Pachtpferde und Pensionsausstallungen. Information: Familie

Borkumer Strandkarre

Bei Sonne, Wind und Wellen macht Urlaub richtig Spaß

Doberenz, Norddünen, Tel.: 04922/910144 oder Reit- und Fahrclub Upholm, Tel.: 04922/7150 oder Jungermann, Franzosenschanze, Tel.: 04922/2259.

Segeln/Surfen

Segler und solche, die es werden möchten, können Kurse für Einsteiger und Fortgeschrittene im Jollen- und Katamaransegeln belegen oder sich einfach ein Boot mieten. Im Juni, Juli und August finden Regatten statt, an denen die Segler und Segelschüler teilnehmen können. Auch für Surfer werden entsprechende Kurse angeboten.
Information: Wassersportzentrum am Nordstrand, Tel.: 04922/2299. Information für Freizeitkapitäne: Yachthafenverwaltung, Tel.: 04922/7773; Bootshafen „Burkana", Reedestr. 230, Hafenmeister: 04922/7877.

(Drachen-)Fliegen/Rundflüge

Die Flugschule bietet eine ganzjährige Ausbildung zum Privatpiloten, CVFR und Nachtflug. Vercharterung und Rundflüge erfolgen nach Vereinbarung. Tel.: 04922/3838. Rundflüge, Flüge zu den Nachbarinseln und nach Helgoland werden von der Ostfriesischen Lufttransport GmbH offeriert, Tel.: 04921/8992-0. Wer sich für das Drachenfliegen begeistert, kann am Nordstrand „in die Luft gehen". Information: Windy-Drachenladen, Bismarckstr., Tel.: 04922/3870.

Kreativkurse

Besonders reizvoll ist die Teilnahme an einem der schöpferischen Kreativkurse. Die genauen Termine erhalten Sie auf Anfrage unter Tel.: 04922/933-114.

Volleyballspieler am Borkumer Strand

Sport am Strand

Von Juni bis September wird Strandgymnastik unter geschulter Leitung für Kinder und Erwachsene geboten. Ihnen steht auch die kostenlose Benutzung der Beachvolleyballfelder bei der Surf- und Segelschule am Nordbad zur Verfügung. Von Zeit zu Zeit finden spezielle Beachvolleyballturniere für Gäste statt. Geboten werden außerdem Kurse und Fun mit Animateuren sowie internationale Beachvolleyballturniere.

Schiffsfahrten

Schiffsausflüge nach Juist, Norderney, Groningen, zu den Seehundsbänken, Fahrten mit zollfreiem Einkauf und Tagesreisen mit kleinem Kulturprogramm bieten sich geradezu an. Aber auch Krabbenfang, Abendfahrten auf See mit Tanz, Livekonzerte auf See, Fahrten nach Ameland, Greetsiel und Helgoland haben ihren Reiz. Abfahrt: „Borkum-Bahnhof", Veranstalter: Borkumer Kleinbahn, Tel.: 04922/3090.

Feste und Veranstaltungen

Festivitäten

Zu nennen sind hier das Osterfeuer, der Strandbuggy-Cup, die Jagdwoche des Borkumer Reitervereins, das Maibaumaufstellen, Jazz-Festivals, Segelregatten mit Hafenfest, das Mittsommernachtsfest im Burkanahafen, die Straßenfeste des Heimatvereins, die Promenadenfete, die Strandfete des „Vereins Borkumer Jungen e.V. 1830", internationale Beach-Volleyball- und Tennis-Turniere, das herbstliche Drachenfest sowie im Dezember der Weihnachts- und Silvesterball. Info-Tel: 04922/ 933-114 oder -115.

Brookmerland

(Landkreis Aurich)

Die Samtgemeinde Brookmerland ist ein 1969 gegründeter Kommunalverband, dem die Gemeinden Leezdorf, Marienhafe, Osteel, Rechtsupweg, Upgant-Schott und Wirdum angehören. Die Bezeichnung „Brookmerland" ist auf den ursprünglichen Zustand dieses Gebietes zurückzuführen: „Brok" (Bruchland) bedeutet sumpfiges, feuchtes, mooriges, von Wasserläufen durchfurchtes, rissiges und brüchiges Land. Da das Brookmerland immer wieder durch die Nordsee überflutet wurde, war eine Besiedelung und Bewirtschaftung erst nach Fertigstellung der ersten Deiche um 1000 n.Chr. möglich. Urkundlich erwähnt wurde der Landstrich erstmals im Jahre 1148. Der Überlieferung nach kam der berühmteste und wohl auch berüchtigtste Seeräuber, Klaus Störtebeker, am 13. Januar 1396 nach Marienhafe, wo er die Kammer im ersten Stock des Turmes der Marienkirche bewohnte. Der Turm ist daher in ganz Deutschland als „Störtebekerturm" bekannt. **Information:** Fremdenverkehrsamt Brookmerland, Am Markt 11, Marienhafe, Tel.: 04934/81248 und 81249, Fax: 04934/81259.

Sehenswertes

Kirchen

Besonders sehenswert sind die Kirchen der Ortschaften Marienhafe, Osteel, Wirdum und Siegelsum. Die Marienkirche, Wahrzeichen von Marienhafe, wurde im 13. Jahrhundert erbaut. Große Teile mußten 1829 wegen Baufälligkeit und zu hoher Renovierungskosten abgerissen werden. Das, was noch von der dreischiffigen, basilikalen Kreuzkirche übriggeblieben ist, läßt kaum erahnen, daß sie ursprünglich vom Turm bis zum Chor 72 Meter lang war. Die in den Jahren 1710-1713 von Gerhard von Holy erbaute Orgel zieht Orgelkenner und Liebhaber aus aller Welt an. In der Störtebekerkammer befindet sich heute ein Kirchenmuseum, in dem verschiedene historische Objekte ausgestellt sind. Der Kirchturm hatte ursprünglich eine Höhe von 72 Metern. Auch wenn er heute nur noch knapp die Hälfte mißt, wird man nach seiner Besteigung mit einem herrlichen Ausblick belohnt. Öffnungszeiten in den Sommermonaten: Mo-Sa 10.00-12.00 Uhr und 14.00-17.00 Uhr, Fr 14.00-16.30 Uhr, So 14.00-17.00 Uhr. Tel.: 04934/6285 und 374. Wer die zweitälteste Orgel Ostfrieslands besichtigen möchte, muß sich in die Osteeler Warnfried-Kirche begeben. Die Orgel wurde 1619 vom ostfriesischen Meister Edo Evers erbaut. Eine kostbare Kanzel, geschaffen 1699 von Jakob Cröpelin, finden Sie in der Kirche zu Wirdum.

Störtebekerdenkmal

Im Jahre 1992 hat die Gemeinde Marienhafe ihrem berühmtesten Anführer Störtebeker ein Denkmal gesetzt. Die Plastik am Eingang des Marktplatzes wurde von dem Bildhauer Karl Ludwig Böke geschaffen.

Fabricius-Denkmal

Das Denkmal des berühmten Astronomen David Fabricius und seines Sohnes zeigt die Urania mit dem Sonnenbild. Die Inschrift des Grabsteins von Fabricius berichtet über dessen Ermordung. Der Grabstein hat einen Ehrenplatz in der Osteeler Kirche bekommen.

Mühlen

Fünf historische Mühlen, darunter vier Galerieholländer und eine Wasserpumpmühle, prägen das Landschaftsbild des Brookmerlandes. Die Marienhafer Mühle am Mühlenloog wurde in den Jahren 1772 bis 1776 gebaut und im Jahre 1821 um ein drittes Stockwerk erhöht. Sie ist mit 24,30 Metern etwas höher als die ebenfalls dreistöckige Windmühle Upgant-Schott am Mühlenloog aus dem Jahre 1880. Die Tjücher Mühle (am nördlichen Ortseingang von Marienhafe, in den Jahren 1895/96 erbaut) ist ebenso wie die Leezdorfer Mühle zweistöckig. Das Besondere der Leezsdorfer Mühle ist, daß die Kappe mit dem Flügelkreuz manuell in den Wind gedreht werden muß, während dies bei den drei erst genannten durch den Antrieb der Windrose erfolgt. In der Leezdorfer Mühle zeigt der Heimatverein alte Arbeitsgeräte und unterhält eine Teestube. Die Ausstellung „Altes Brauchtum" ist von Mai bis September 15.00-18.00 Uhr geöffnet, Tel.: 04934/5200. Besonders sehenswert ist auch die einst der Entwässerung dienende Wasserpumpmühle in Wirdum.

Historische Steinhäuser

Bis ins 14. Jahrhundert hinein herrschte ein Gesetz, das den Bau fester Häuser verbot. Von diesem Gesetz ausgenommen waren lediglich die Gotteshäuser. Seit dem 14. Jahrhundert wurde dieses Verbot nicht mehr befolgt. Historischer Zeuge ist das Gebäude in Upgant-Schott, das größtenteils im 16. und 18. Jahrhundert erbaut wurde. Einen Hinweis auf den einst wehrhaften Charakter des Hauses gibt eine heute noch erkennbare Schießscharte im Westgiebel. Lage: Osterupganter Straße 6. Zu nennen ist außerdem das aus dem späten 16. Jahrhundert stammende Steinhaus in Wirdum, das sich an der Ecke Neulander Weg/Am Alten Friedhof befindet. Die Bauweise läßt holländischen Einfluß erkennen. Original erhalten sind u.a. der Dachstuhl und die Upkammer.

Freizeitangebote

Paddeln/Rudern

Die zahlreich vorhandenen Kanäle ermöglichen herrliche Kanutouren. Eine Mietstation befindet sich am Gästehaus Eilers, Hingstlandweg 31, Marienhafe, Tel./Fax: 04934/5010. Der Wassersportverein Brookmerland stellt seine Anlagen am Unterdreescher Weg auch für Gäste zur Verfügung. Auskunft: BSV Brookmerland, Tel.: 04934/7013.

Wandern/Radfahren

Wer sich auf den herrlich ausgebauten Radwegen nicht vom Zufall lenken lassen möchte, kann beim Fremdenverkehrsbüro einen Ortsplan mit Rad- und Wanderwegen sowie ausgearbeitete Tourenvorschläge erhalten. Tip für Jogger: Am Tjücher Moorthun befindet sich ein Trimmpfad.

Fahrradverleih

Adressen: H. Adena, Schottjer Straße 2, Upgant-Schott, Tel.: 04934/4118; K. Freese, Alter Postweg 211, Osteel, Tel.: 04934/7366; A. Metz, Am Sandkasten 76, Leezdorf, Tel.: 04934/1609; A. Santjer, Hauptstraße 24, Rechtsupweg, Tel.: 04934/234.

Dornum

(Landkreis Aurich)

Dornum ist eine der zwölf Mitgliedsgemeinden und Namensgeber der Samtgemeinde Dornum. Als die Dornumer Bürger 1952 ihre 750-Jahr-Feier begingen, bezogen sie sich auf das Alter einer kleinen Glocke, die im östlichen Schalloch des Glockenturmes hängt. Doch wird eine Besiedelung des Gebiets bereits vor 1000 n.Chr. angenommen. Zwar gibt es hierzu keine schriftlichen Überlieferungen, doch die Tatsache, daß Dornum auf einer von Menschenhand noch zusätzlich erhöhten Geestinsel liegt, läßt darauf schließen, daß der Ort bereits vor Fertigstellung der ersten Deiche um 1000 n.Chr. entstand. Erstmals urkundlich erwähnt wurde Dornum im Jahr 1400. **Information:** Gemeindeverwaltung, Rathaus, Schatthauser Straße, Dornum, Tel.: 04933/9189-0, Fax: 04933/918989; Kurverwaltung Dornum, Westerstraße 3, Tel.: 04933/9188-0, Fax: 04933/918820; Kurverwaltung Dornumersiel, Hafenstraße 3, Tel.: 04933/9111-0, Fax: 04933/911115; Kurverwaltung Neßmersiel, Tel.: 04933/9140-23, Fax: 04933/914025. Informationen zum Thema „Alles über das Wattenmeer" erhalten Sie im Informationszentrum BUND, Anschrift: Oll Deep, Dornumersiel, Tel.: 04933/1565.

Sehenswertes

Alte Burganlagen: Wasserschloß/Beningaburg

Dornum besaß einst drei Burgen, die um 1400 von der Häuptlingsfamilie Attena beherrscht und in der „Sächsischen Fehde"

1514 zerstört wurden. Anders als die Norder- und Osterburg wurde die Westerburg nicht wieder aufgebaut. Im Jahre 1545 gelangte das Geschlecht der Beninga in den Besitz der Osterburg, die deshalb unter dem Namen Beningaburg bekannt ist. Die ehemalige Norderburg wurde 1698 zu einem barocken Wasserschloß mit Park umgebaut. Haro Joachim von Closter, der die gesamte Schloßanlage umgestaltete, ließ im Jahre 1707 den 30 Meter hohen Turm über der Tordurchfahrt errichten, der heute Wahrzeichen des alten Fleckens ist. Die Glocken, die in der zweiten und dritten Laterne des Turms hängen, schlagen jede Viertelstunde. Das Rokokoportal im Innenhof führt durch den Osttrakt zum Rittersaal. Besonders sehenswert ist das Deckengemälde, in dessen Mittelpunkt die Göttin der Fruchtbarkeit zu sehen ist. Seit 1951 ist in dem Schloß eine Realschule untergebracht. Das Schloßgelände kann während der Schulzeit ab 14.00 Uhr und in den Ferien sowie sonntags ganztägig besichtigt werden. 1971 erwarb der Dornumer Kaufmann E. Appelkamp die Burg und richtete in dem historischen Bauwerk 1978 einen Hotelbetrieb ein. Die ursprünglichen Fenster im Untergeschoß sowie die Kielbögen lassen spätgotische Stilmerkmale erkennen. Der Südflügel der Osterburg wurde innen als Restaurant, heute „Ahnensaal" genannt, umgestaltet. Beachtenswert ist die hölzerne Tafel mit den Wappen der Geschlechter Closter (Münzen) und Ripperda (Reiter), eine Leihgabe des Heimatvereins.

Bockwindmühle

Die letzte in Ostfriesland erhaltene Bockwindmühle steht auf einer kleinen Warf am früheren Ortsausgang nach Westerholt. Wie eine Einkerbung am Balken oberhalb des Achskopfes verkündet, stammt sie aus dem Jahre 1626. Bockwind-, auch Ständermühlen genannt, besitzen ein Gehäuse, das um einen Ständer drehbar ist. Die Flügel, die früher mit Jalousien versehen waren, reichen fast bis zur Erde. Nach umfangreicher Renovierung ist die Mühle heute technisch in einwandfreiem Zustand. Öffnungszeiten: Mai bis September Di, Do und So 10.30-12.30 Uhr, Besichtigung nach Vereinbarung, Tel.: 04933/1343.

Kirchen

Sehenswerte Kirchen finden Sie in den Ortschaften Dornum, Resterhafe, Nesse, Westeraccum, Westerbur und Roggenstede. Die Gotteshäuser wurden auf Warfen errichtet, um den Bewohnern Schutz bei Sturmfluten zu gewähren. In der St. Bartolomäus-Kirche zu Dornum fanden die Menschen nachweislich während der schrecklichen Weihnachtsflut 1717 Zuflucht. Die Klosterbacksteine und der romanisch-gotische Übergangsbaustil führen zu dem Schluß, daß die Kirche zwischen 1270 und 1290 erbaut wurde. Das Gotteshaus beherbergt ein nationales Denkmal von europäischer Bedeutung: eine berühmte Holy-Orgel aus dem Jahre 1711. Öffnungszeiten: 5. April bis 15. Oktober sonntags jeweils nach dem Gottesdienst bis 12.00 Uhr und von 15.00 bis 17.00 Uhr, Mo-Sa 10.00-12.00 Uhr und 15.00-17.00 Uhr. Die ebenfalls sehenswerte Kirche in Resterhafe stammt aus dem 13. Jahrhundert, ist aber vermutlich etwas älter als die St. Bartolomäus-Kirche. Im Kircheninneren befinden sich Epitaphien für den 1590 verstorbenen Sohn des bekannten Resterhafer Pastors und Astronom David Fabricius (1564-1617). An der Westseite der Kirche ist 1806 eine Schu-

le angebaut worden, die heute Leichenhalle ist. Die St. Marien-Kirche in Nesse ist eine alte Tuffsteinkirche aus dem 12. Jahrhundert. Das Gotteshaus beherbergt einen spätgotischen, polygonalen Chor aus Tuff- und Backstein aus dem Jahre 1493. Besonders sehenswert sind die Taufe aus Baumberger Sandstein, ein Kuchenbacker-Epitaph aus dem Jahre 1668 und die Totenschilder der letzten Häuptlinge von Sparenborg von 1669. Ein Besuch der Kirche in Westeraccum lohnt sich vor allem wegen der wertvollen Barockkanzel aus dem Jahre 1694 und wegen des Friedhofs mit seinen alten Schiffergräbern aus dem 17. und 18. Jahrhundert.

Reethaus am Meer

Das Reethaus am Meer in Dornumersiel beherbergt das Zwei-Siele-Museum, eine Spielscheune, Bastel- und Werkräume, einen Leseraum mit Bücherei, Vortragsräume und einen Tischtennisraum. Adresse: Hafenstraße 3, Tel.: 04933/91110.

Heimatstube

Die Heimatstube im Oma-Freese-Hus zu Dornum ist ein heimatkundliches Museum mit Gegenständen aus vergangenen Zeiten. Öffnungszeiten: Pfingsten bis September Di und Do 11.00-12.00 Uhr, 15.00-17.00 Uhr, So 15.00-17.00 Uhr. Besichtigung unter Tel.: 04933/1343.

Ausstellungen

Im Vortragsraum der Erlebnislandschaft „Strandoase", Störtebekerstraße 18 in Neßmersiel, präsentiert sich eine Dauerausstellung mit Gemälden ostfriesischer Ansichten und Landschaften. Im Casper-Cramer-Huus in der Kurverwaltung Dornum finden außerdem wechselnde Kunst-, Handwerks- und Gemäldeausstellungen statt. Eine Ausstellung zum Thema „Bilder und Exponate aus dem jüdischen Leben aus mehreren Jahrhunderten" ist freitags, samstags und sonntags von 15.00 bis 18.00 Uhr in der Synagoge Dornum zu sehen. Gruppenführungen können vereinbart werden. Tel.: 04933/342. Lage: Kirchstraße.

Freizeitangebote

Wandern/Radfahren

Das gut ausgebaute Radwandernetz trägt den Namen „Rad up Pad". Außerdem bieten sich alle befestigten Deiche als Wanderwege an. Besonders reizvoll ist die Teilnahme an einer geführten Wattwanderung. Es wird davor gewarnt, Wattwanderungen ohne fachkundige Führung vorzunehmen, da es für Unerfahrene zahlreiche Gefahren gibt.

Fahrradverleih

Adressenauswahl: Störtebekerstraße 143, Dornumersiel, Tel.: 04933/2278; Schatthauser Straße 11, Dornum, Tel.: 04933/457; Enno-Hektor-Straße 3, Dornum, Tel.: 04933/990036; Störtebekerstraße 102, Dornumergrode, Tel.: 04933/572; Störtebekerstraße 24, Neßmersiel, Tel.: 04933/2028; Cankebeerstraße 37, Nesse, Tel.: 04933/2215.

Bollerwagenverleih

Adresse: Vermittlung Sommerhäuser, Up Boers 5, Dornumersiel, Tel.: 04933/2662 und Störtebekerstraße 24, Neßmersiel, Tel.: 04933/2228.

Angeln

Petrijünger treffen sich an der Nordsee, am Mahlbusen und in Neßmersiel. Berechtigungsscheine für den Mahlbusen sind gegen Vorlage einer Sportfischerprüfung in der Kurverwaltung erhältlich. Wer möchte, kann an einer Angelfahrt vom Hafen Dornumersiel teilnehmen. Die Termine sind im Veranstaltungskalender aufgeführt. Information: Kurverwaltung.

Schiffsfahrten

Von den Anlegern in Dornumer- und Neßmersiel werden Tagesfahrten zu den ostfriesischen Inseln, zu den Seehundsbänken und ins Wattenmeer angeboten.

Schwimmen

Schwimmen kann man am Badestrand Dornumer- und Neßmersiel sowie im beheizten, solarbetriebenen Meerwasserfreibad Dornumersiel „Doroness". Öffnungszeiten: täglich 9.30-19.00 Uhr. Wer an Schwimmunterricht/Schwimmabzeichen interessiert ist, kann sich an folgende Adresse wenden: Freibad Dornumersiel, Tel.: 04933/535. Übrigens: Besuchen Sie bei schlechtem Wetter doch einfach mal die Erlebnislandschaft „Strandoase", eine wetterunabhängige Strandlandschaft unter Glas. Adresse: Störtebeker Straße 18, Neßmersiel.

Reiten

Adressenauswahl: Reiterhof „Süderhof", Tel.: 04938/289; Reit- und Fahrverein Westerende, Tel.: 04936/360; Reiterhof Gründeich, Tel.: 04971/4498; Pony-Reiten, Dornumersiel, Ramm-Siedlung.

Paddeln/Rudern/Tretbootfahren

Adressen: Kanu-Verleih, Dornumersiel, Up Boers 5, Tel.: 04933/2662; Tretbootverleih am Mahlbusen, Dornumersiel.

Fahrt mit der Museumseisenbahn

Die Museumseisenbahn startet in der Zeit vom 1. Juni bis zum 31. Oktober jeden Sonntag ab Dornum. Genaue Termine werden per Plakataushang bekannt gegeben.

Feste und Veranstaltungen

Besonders reizvoll sind die alljährlich im Wasserschloß zu Dornum stattfindenden „Dornumer Kunsttage". Einzelheiten sind im Veranstaltungskalender „Blinkfuer" aufgeführt, der in der Kurverwaltung erhältlich ist.

„Käpt'n Kuper"-Skulptur

Edewecht
(Landkreis Ammerland)

Edewecht gehört zu den ältesten Ortschaften des Ammerlandes. Seine erste urkundliche Erwähnung datiert auf das Jahr 1150. Um 1730 begannen wagemutige Männer auf kleinen Helgen an der Vehne mit dem Bau von Segelschiffen. Der Schiffbau erlebte nach 1800 eine große Blütezeit. Mehrere auf Edewechts Helgen gebaute Schiffe durchkreuzten die Weltmeere. Von 1827-1844 entstand in Jeddeloh unter der Bezeichnung „Jeddeloher Wiesen" die erste Moorkolonie der Gemeinde. Ab 1900 leitete eine vom Staat planmäßig gelenkte Hochmoorerschließung eine weitere bedeutsame Siedlungsepoche der Gemeinde

ein. So entstanden ab 1910 im Südedewechter Moor die beiden Hochmoorkolonien Süddorf und Husbäke. Im Jahre 1925 erfolgte der Ausbau des vormaligen Hunte-Ems-Kanals zum Küstenkanal, der 1935 als Großschiffahrtsweg freigegeben wurde. 1934 kam es zur Eingemeindung der Bezirke Friedrichsfehn, Harkebrügger Mark und Hansa. **Information:** Tourist-Information, Edewecht, Rathausstraße 7, Tel.: 04405/916-222.

Sehenswertes

St. Nikolai Kirche

Die zwischen 1368 und 1393 erbaute St. Nikolai Kirche ist unter den alt-ammerschen Gotteshäusern das jüngste. Ihr Wahrzeichen

Bergfried Heinje-Hof (oben); Typisches Ammerländer Bauernhaus (unten)

ist ein separat stehender Glockenturm aus Holz. Sehenswert sind vor allem die wertvollen Altararbeiten.

Denkmal

Die Bronzeskulptur „Käpt'n Kuper" erinnert an die alten Edewechter Seefahrer und den Schiffsbau an der Vehne. Lage: Ecke Rathausplatz/Hauptstraße.

Alte Hofanlagen

Der früher als Speicher und Verteidigungsanlage genutzte Bergfried des Heinje-Hofes ist heute eines der schönsten Baudenkmäler mit der wahrscheinlich größten Traueredeltanne Deutschlands. Sehenswert ist auch das typisch Ammerländische Anwesen des Oellien-Hofs.

Mühlen

Wahrzeichen Edewechts sind die Windmühlen. Zwei dieser reizvollen Bauwerke (Galeriehölländer Kruse in Westerscheps und der Erdhölländer in Osterscheps) bewegen noch heute ihre Flügel im Wind, und riesige Zahnräder erzählen von vergangenen Zeiten. Wer sich für altes Müllerhandwerk interessiert, kann die Mühle in Westerscheps besichtigen. Adresse: Windmühle Gasthof „Zur Mühle", Westerscheper Straße 18, Tel.: 04405/8714.

Heimatmuseum

Das idyllisch am Flußlauf der Aue gelegene Heimatmuseum „Tollhus up'n Wurnbarg" in Westerscheps (ehemaliges Zollhaus an der Heerstraße Ammerland, Münsterland seit 1428) lohnt einen Besuch. Präsentiert

werden z.B. Wagenremise, Backofen, Bleicherhütte, große Scheune, altertümliche Gegenstände, landwirtschaftliche Geräte und Maschinen. Auf Veranstaltungen wird bäuerliche Kultur und Lebensweise vermittelt. Information: Heimatverein „Vergnögde Goodheit", Wittenberger Straße 14, Wittenberge, Tel.: 04405/6995 oder 6970.

Freizeitangebote

Wandern/Radfahren

Ein beliebter Rad- und Wanderweg ist die ehemalige Kleinbahntrasse, die direkt zum Zwischenahner Meer führt. Wunderschön ist auch die „Deutsche Fehnroute". Das Fremdenverkehrsamt Edewecht bietet ausgearbeitete Tourenvorschläge und spezielle Karten an. Info-Tel.: 04405/916-222. Tip für Jogger: Im Staatsforst Wildenloh befindet sich ein Trimmpfad.

Angeln

Petrijünger finden an den vielen Teichen und Flußläufen immer ein Plätzchen, wo sie ihrem Hobby nachgehen können. Zu nennen sind beispielsweise der Küstenkanal, Aue und Godensholter Tief, Vehne, Fischteich in Dänikenhorst (Hochtanger Weg) und der Fischteich in Edewecht-Osterscheps (Auf den Linden).

Gastronomie

Egal ob Grünkohlessen, Ammerländer Schinken oder echter „Smoort-Aal" – eines haben alle Köstlichkeiten gemeinsam: Jedes Mahl wird mit einem Ammerländischen Löffeltrunk nach besonderer Zeremonie mit einem Spruch abgeschlossen:

Der elektrische Leuchtturm auf der Insel Borkum

Strandleben auf Borkum (oben); der Borkumer Kur-Pavillon (unten)

Tollhus up'n Wurnbarg bei Edewecht (oben); nahe der Kesselschleuse in Emden (unten)

Blick auf den Ratsdelft in Emden mit Feuerschiff und Seenotrettungskreuzer

Moorgebiet bei Edewecht

„Ik seh' Di.
Dat freit mi.
Ik sup Di to.
Dat to.
Prost.
Ik heb Di tosapen.
Hest'n Rechten drapen"

Schwimmen

Ein Hallen- und ein Freibad laden zum Besuch ein. Adresse des Freibads: Zum Stadion 4, Tel.: 04405/5458; Öffnungszeiten in den Sommermonaten: Mo-Fr 6.30-20.00 Uhr, Sa 6.30-19.00 Uhr, So 8.00-19.00 Uhr. Adresse des Hallenbads: Zum Stadion 4, Tel.: 04405/5458; Öffnungszeiten in den Wintermonaten: Mo 14.30-17.30 Uhr, Di 20.30-21.30 Uhr, Mi 14.30-17.00 und 20.30-21.30 Uhr, Do 15.30-21.30 Uhr, Fr 14.30-17.30 Uhr, Sa 14.30-18.00 Uhr, So 9.00-12.00 Uhr.

Kutschfahrten

Unter dem Motto „Auf den Spuren der Moorgeister" kann man mit dem Planwagen auf Entdeckungsreise gehen. Information: Fremdenverkehrsverein Edewecht e.V., Tel.: 04405/916-222.

Emden
(Kreisfreie Stadt)

Die alte Seehafenstadt Emden wurde vor ca. 1200 Jahren als friesische Handelsniederlassung angelegt. Der damalige Name „Amuthon" läßt nur mit viel Phantasie auf die heutige Ortsbezeichnung schließen. In der Reformationszeit war das politische und konfessionelle Leben durch die Zuwendung zum reformierten Bekenntnis Zwinglis und Calvins geprägt. Die Stadt nahm mehrere

Das Rathaus in Emden

tausend Glaubensflüchtlinge aus den westlichen Nachbarländern auf. Gleichzeitig entwickelte sich Emden zu einem Großhafen von europäischer Bedeutung. Als Ausdruck des Wohlstandes wurde das Renaissance-Rathaus nach Antwerpener Vorbild erbaut (1574-76). Aber Emden blieben auch Zeiten bitterer Not nicht erspart. Bis zur Mitte des 18. Jahrhunderts kam es zu einem extremen Rückgang der Handelskapazitäten. Der Grund dieser Entwicklung lag zum einen in den Auseinandersetzungen mit niederländischen Hafenstädten und zum anderen in der Verlagerung der Ems. Diese bahnte sich einen neuen Weg, knapp drei Kilometer am Emder Hafen vorbei. Es wurden komplizierte Anbindungen an den Fluß nötig. Den schwersten Schicksalsschlag erlitt die Stadt im Zweiten Weltkrieg. Das organisch gewachsene Stadtbild mit seinen Renaissance- und Barockhäusern, darunter auch das alte Emder Rathaus und die spätgotische Große Kirche, fielen den Bomben zum Opfer. 1962 erfolgte der Wiederaufbau des Rathauses, das heute das Ostfriesische Landesmuseum beherbergt. **Information:** Verkehrsverein der Seehafenstadt Emden e.V., Info-Pavillon am Stadtgarten, 26730 Emden, Tel.: 04921/97400, Fax.: 04921/97409.

Stadtführungen

Jeden Samstag und Mittwoch wird um 11.00 Uhr zu einem Stadtspaziergang eingeladen. Ausgangspunkt ist der Info-Pavillon am Stadtgarten. Für Gruppen gibt es spezielle Angebote, wie beispielsweise einen 90-minütigen Stadtrundgang durch das histori-

Rüstkammer im Ostfriesischen Landesmuseum

sche Emden, eine 2stündige (kleine) Stadtrundfahrt oder eine 2,5stündige (große) Stadtrundfahrt.

Sehenswertes

Ostfriesisches Landesmuseum im Rathaus

Das Ostfriesische Landesmuseum im Rathaus am Delft beherbergt die größte und vollständigste historische, stadteigene Waffensammlung Deutschlands. Ferner lassen Torfausgrabungen, Hafen- und Fischereibootmodelle, Bilder holländischer Schule sowie verschiedene Funde aus Ostfriesland eine reiche Vergangenheit aufleben. Das aus den Jahren 1574-76 stammende Rathaus wurde nach Antwerpener Vorbild im Stil des

Renaissance erbaut. Vom Rathausturm bietet sich ein herrlicher Ausblick auf die Innenstadt, auf Teile der Wallanlagen und den Hafen. Adresse: Neutorstraße, Tel.: 04921/872058; Öffnungszeiten: April bis September, Mo-So 10.00-17.00 Uhr, Oktober bis März, Di-So 11.00-16.00 Uhr.

Kunsthalle

Die Kunsthalle Emden präsentiert auf rund 2000 Quadratmetern Ausstellungsfläche eine hochkarätige Sammlung von Werken der klassischen Moderne und der zeitgenössischen Kunst. Sammlung und Kunsthalle stiftete Henri Nannen, um das Verständnis für die Kunst des 20. und 21. Jahrhunderts zu wecken und zur geistigen Auseinandersetzung mit den Inhalten und Formen dieser

Emder Kanal (mit Hausboot links im Vordergrund)

Kunst anzuregen. Regelmäßig finden Sonderausstellungen bekannter Künstler statt. Adresse: Hinter dem Rahmen 13, Tel.: 04921/97500 und 975050; Öffnungszeiten: Di 10.00-20.00 Uhr, Mi-Fr 10.00-17.00 Uhr, Sa und So 11.00-17.00 Uhr.

Alte Schiffe/Schiffsmuseen

Seit dem 2. August 1984 liegt das Museumsfeuerschiff „Deutsche Bucht" im Ratsdelft. Gebaut wurde es in den Jahren von 1914 bis 1918 auf der Meyer-Werft in Papenburg. Das schiffahrtsgeschichtliche Museum zeigt die älteste intakte Feuerschiffsmaschinenanlage und bietet ein Ka-

jütenrestaurant. Tel.: 04921/23285; Öffnungszeiten: April bis Oktober, Mo-Fr 10.00-13.00, 15.00-17.00 Uhr, Sa und So 11.00-13.00 Uhr. Sehenswert sind außerdem die nautischen Einrichtungen, die Maschinenanlagen sowie die Unterkünfte der Besatzung des Seenotrettungskreuzers „Georg Breusing". Er liegt als maritimes Denkmal neben dem Museumsfeuerschiff im Ratsdelft. Tel.: 04921/20541; Öffnungszeiten: April bis Oktober, täglich 10.00-13.00, 15.00-17.00 Uhr. Wer sich für die Geschichte der Heringsfischerei interessiert, ist auf dem Herings-Segellogger „AE7" willkommen. Lage: Ratsdelft; Öffnungszeiten: siehe Museumsfeuerschiff „Deutsche Bucht".

Emder Kesselschleuse

Johannes A. Lasco Bibliothek in der Großen Kirche Emden

Die im Jahre 1559 in der reformierten Gemeinde begründete, älteste Bibliothek Ostfrieslands birgt einen wertvollen historischen Buchbestand und eine enzyklopädische Sammlung durch alle Wissenschaftsgebiete. 1943 wurde die Große Kirche zerstört. Bibliothek und Archiv konnten bewahrt werden. Sie haben heute in der wiederaufgebauten Kirche Platz gefunden. Adresse: Kirchstraße 22, Tel.: 04921/91500, Fax: 04921/915050; Öffnungszeiten: Di-Fr 11.00-18.00 Uhr, Sa 11.00-13.30 Uhr und 14.30-17.00 Uhr, So 14.30-17.00 Uhr, Führungen: Sa 11.00 Uhr und 14.30 Uhr, So 14.30 Uhr.

Emder Bunkermuseum

Das Emder Bunkermuseum zeigt auf mehreren Etagen Emden in der Zeit des Nationalsozialismus. Adresse: Holzägerstraße, Tel.: 04921/32225; Öffnungszeiten: April bis Oktober Di-Fr 11.00-13.00 Uhr und 15.00-17.00 Uhr, Sa und So 11.00-13.00 Uhr.

Hafentor

Das sehenswerte Emder Hafentor wurde 1635 vom Emder Stadtbaumeister Martin Faber an der Einfahrt zum mittelalterlichen Hafen, dem heutigen Ratsdelft, erbaut.

Fürbringerbrunnen im Stadtgarten

graben, Fehntjer Tief, Falderndelft). Sie ist Europas einzige 4-Kammer-Schleuse.

„Dat OTTO Huus"

„Dat OTTO Huus" ist ein museales Schmunzelkabinett, das die Karriere des aus Emden stammenden Komikers Otto Walkes zeigt. Adresse: Große Straße 1, Tel.: 04921/22121; Öffnungszeiten: Mo-Fr 9.30-18.00 Uhr, Sa 9.30-13.00 Uhr, an langen Samstagen bis 16.00 Uhr, zusätzlich von April bis Oktober So 10.00-16.00 Uhr.

Pelzerhaus

Das 1585 erbaute Renaissancebürgerhaus an der mittelalterlichen Pelzhändlerstraße bietet Wechselausstellungen und Vortragsveranstaltungen. Adresse: Pelzerstraße 12, Tel.: 04921/25335; Öffnungszeiten: Mo-Fr 11.00-13.00 Uhr und 14.00-17.00 Uhr, So 11.00-17.00 Uhr.

Emder Kesselschleuse

Die 1885/86 errichtete, unter Denkmalschutz stehende Schleuse verbindet vier Kanäle miteinander (Ems-Jade-Kanal, Stadt-

Güterzuglok/Miniaturdampfeisenbahn

Die aus dem Jahr 1943 stammende Güterzuglok wurde einst mit Kohle befeuert. Sie diente im schweren Güterzugdienst bis 1977 zum Transport von Eisenerz. Öffnungszeiten der Miniaturdampfeisenbahn: April bis Oktober, Sa und So 10.00-20.00 Uhr (nur bei gutem Wetter), weitere Termine sind nach Absprache möglich.

Schöpfwerk Knock

Das 1969 an der Außenems erbaute Schöpfwerk dient der Entwässerung und Wasserstandsregelung des westlichen und nördlichen Umlands.

Ökowerk

Das Ökowerk ist ein regionales Umweltbildungszentrum. Adresse: Kaierweg 40, Emden-Borssum, Tel.: 04924/954023; Öffnungszeiten: Mo-Do 7.00-16.00 Uhr, Fr 7.00-12.30 Uhr, Mai bis Oktober zusätzlich: Sa 13.00-18.00 Uhr, So 14.00-17.00 Uhr.

Werksbesichtigungen im VW-Werk

Werksbesichtigungen im VW-Werk können in der Zeit von Mo-Do um 9.30 Uhr und 13.30 Uhr vereinbart werden. Tel.: 04921/ 862390, Fax: 04921/ 863756.

Freizeitangebote

Angeln

Angeln kann man in den Stadtgräben und in allen Gewässern rund um Emden. Die erforderlichen Angelscheine sind unter folgenden Adressen erhältlich: Zoohaus Tropica, Hinter der Halle 6, Tel.: 04921/ 26591; Brittas Angelshop, Cirksenastraße 17a; Reemt Endjer, Schwagerweg 3, Uphusen.

Schwimmen

Zwei Freibäder und ein Hallenbad stehen zur Verfügung. Adressen der Freibäder: van Ameren-Bad, An der Kesselschleuse, Tel.: 04921/22854; Freibad in Borssum, Lindenweg; Adresse des Hallenbades: Früchteburger Weg, Tel.: 04921/871234.

Wandern/Radfahren

Der Verkehrsverein Emden lädt zu Fahrradtouren durch die Innenstadt und zum Hafen ein. Da der überregionale Ems-Jade-Wanderweg als Radweg ausgebaut wurde, besteht die Möglichkeit, am Ems-Jade-Kanal von Wilhelmshaven nach Emden zu fahren und umgekehrt. Gästen, die lieber zu Fuß unterwegs sind, ist ein Wallspaziergang entlang der Stadtgräben, verschiedener Zwinger und Mühlen bis zur Kesselschleuse zu empfehlen. Desweiteren bietet sich ein Besuch im Naturerlebnispark am Ems-Seitenkanal an. Hier befindet sich ein Streichelzoo und eine historische Sammlung landwirtschaftlicher Geräte. Öffnungszeiten: März bis Oktober, Mo-So 9.00-18.00 Uhr oder nach Vereinbarung.

Fahrradverleih

Adressen: MAC Motorradausstatter Ringstraße 17, Tel.: 04921/27500; Fa. Oltmanns, Große Straße 53/ 57, Tel.: 04921/31444; Transvelo Boltentorstraße 30, Tel.: 04921/ 26913

Malschule

Die Malschule der Kunsthalle Emden bietet vielfältige Projekte an. Info-Tel.: 04921/ 975000

Wassersport

Auf den Kanälen und Binnenseen bestehen gute Wassersportmöglichkeiten. Besonders reizvolle Surf- und Segelreviere findet man an der Knock und auf dem Großen Meer. Außerdem bietet sich die Gelegenheit, mit einem Kajak oder Kanu die Wasserwege

Ostfrieslands zu entdecken. Ein Kanuverleih befindet sich an der Jugendherberge, neben der Kesselschleuse. Information: Active-Fun-Sports, Tel.: 04921/ 25066 oder 23797.

Ostfrieslandfahrten

Die Stadtführer-Gilde Emden e.V., Tel.: 04921/97400 (Info-Pavillon am Stadtgarten), lädt zu verschiedenen Fahrten ein, z.B. kleine (3,5 Std.) Ostfrieslandfahrt, große (5 Std.) Ostfrieslandfahrt, Ostfriesisch-Friesische Küstenfahrt, Fahrten unter dem Motto „Fehndörfer", „Auf den Spuren Störtebekers", „Häuptlinge auf ihren Burgen" und „Kirchen in Ostfriesland".

Schiffsfahrten

Wer ein Schiff besteigen möchte, hat verschiedene Möglichkeiten. Interessant ist z.B. die Teilnahme an einer der einstündigen Hafenrundfahrten, die von April bis einschließlich Oktober täglich im Stundenrhythmus von 10.00-16.00 Uhr, nach Bedarf auch 17.00 Uhr, angeboten werden. Treffpunkt: Delfttreppe. Eine weitere Möglichkeit ist die Teilnahme an einer der romantischen Grachtenfahrten. Sie starten von April bis Oktober werktags um 11.00 und 15.00 Uhr sowie sonntags um 12.00 und 15.00 Uhr ab Kunsthalle/Hahnsche Insel. Info: Verkehrsverein Seehafenstadt Emden e.V. Wer einmal eine Durchschleusung in der Kesselschleuse miterleben möchte, sollte an einer Kanalfahrt teilnehmen. Wann? Von Juni bis August fast jeden Mittwoch und Sonntag um 11.00 Uhr und 13.30 Uhr. Treffpunkt: Delfttreppe. Empfehlenswert ist außerdem eine Fahrt in See, z.B. nach Borkum, Eemshaven oder Delfzijl. Information: Reederei AG „Ems", Tel.: 04921/890722 oder 04921/890739.

Wenn Sie einmal Ihr eigener Kapitän sein möchten, haben Sie die Möglichkeit, ein Schiff zu chartern. Information: Verkehrsverein Emden e.V. Übrigens: Zollfreie Einkaufsfahrten werden ab Emden-Außenhafen von der Reederei Warrings angeboten. Auskunft: Tel.: 04464/94950.

Rundflug

Information: OLT-Flugplatz Emden, Tel.: 04921/89920.

Feste und Veranstaltungen

Kulturelles

Das Kulturamt Emden begrüßt zu einer neuen Spielzeit und lädt zum Abonnement ein. Im „Neuen Theater" finden zahlreiche Veranstaltungen, Konzerte, Opern/Operetten etc. statt. Besonderer Beliebtheit erfreuen sich die Veranstaltungen der niederdeutschen Friesenbühne, der Theatergruppe Blau-Weiß Borssum und der Spöldeel Transvaal. Information: Veranstaltungsabteilung: Anbau Rathaus, Brückstraße 1, Leitung: Harm Janßen, Tel.: 04921/872060; Neues Theater, Theaterstraße, Tel.: 04921/43200; Theaterkasse: Tel.: 04921/872051 oder 872055; Verkehrsverein Seehafenstadt Emden e.V.

Esens-Bensersiel
(Landkreis Wittmund)

Esens, die frühe zweite Residenz des Fürstentums Ostfriesland, zählt heute etwa 6000 Einwohner. Die Stadt blickt auf eine wechselvolle Vergangenheit zurück. Sie wurde im Jahre 1310 erstmals urkundlich erwähnt und besitzt seit 1540 Stadtrechte. Der Hafen von Bensersiel war bis zum Jahre 1933 ein sogenannter Prielhafen. Später hat man den Hafen und seine Anlagen ganz umgestaltet, das Fahrwasser in gerader Linie ausgebaut und viele sichtbare Verbesserungen bis zum Neubau des Siels vorgenommen. In früheren Jahren war Bensersiel ein Umschlagplatz von landwirtschaftlichen Erzeugnissen. Heute ist hier der Übergangshafen zur Nordseeinsel Langeoog. Seit 1951 entwickelte sich Bensersiel in Gemeinschaft mit der benachbarten Stadt Esens zu einem bedeutenden Küstenbadeort. 1996 wurde Esens-Bensersiel staatlich anerkanntes Nordseeheilbad. **Information:** Kurverwaltung Esens-Bensersiel, Kirchplatz, Tel.: 04971/9150, Fax: 04971/4988.

Stadtführungen

Stadtführungen durch die Esenser Innenstadt mit Besichtigung des Holariums und einer Führung durch die St.-Magnus-Kirche finden montags um 10.00 Uhr und donnerstags um 15.00 Uhr statt. Treffpunkt ist die Kurverwaltung in Esens.

Sehenswertes

St.-Magnus-Kirche

Die ursprüngliche Kirche ist um 1300 erbaut worden. 1848 war die Grundsteinlegung für den Bau der neuen St.-Magnus-Kirche. Hier wurde im Jahre 1473 der Ritter Siebet Attena mit seiner Gemahlin begraben. An ihn erinnert ein prächtiger gotischer Sandsteinsarkophag. Außerdem beherbergt die Kirche ein sehenswertes Taufbecken aus dem 15. Jahrhundert. Öffnungszeiten: März-Oktober Di-Fr 10.00-11.30 Uhr und 14.30-16.00 Uhr. Tel.: 04971/919712.

Turmmuseum

Im Turmmuseum der St.-Magnus-Kirche werden Bilder, Dokumente und Gegenstände zur Kirchengeschichte im Raum Esens präsentiert. Der Glockenturm hat eine Höhe von 54 Metern. Wer ihn besteigt, wird mit einem herrlichen Ausblick über die weite ostfriesische Landschaft belohnt. Öffnungszeiten: April-September So 11.00-12.00 Uhr, Di und Do 15.00-17.00 Uhr. Anschrift: Kirchplatz, Tel.: 04971/4509.

Holarium

Das Holarium ist ein Museum für Holographie. Es wurde 1985 in Esens eröffnet. Öffnungszeiten: April-Oktober 10.00-12.00 Uhr und 14.00-18.00 Uhr. Anschrift: Kirchplatz 2, Tel.: 04971/4392.

Heimatmuseum

Das Heimatmuseum befindet sich in einer restaurierten Mühle. Es präsentiert eine lebendige Ausstellung zur Geschichte der Stadt Esens und des Küstenraumes unter dem Motto „Leben am Meer – eine Mühle voller Geschichte(n)". Anschrift: Walpurgisstraße, Peldemühle, Tel.: 04971/4731. Öffnungszeiten: März bis Oktober, täglich von 10.00-12.00 Uhr und 14.00-17.00 Uhr, montags bleibt das Museum geschlossen.

Haus der Begegnung

Im Haus der Begegnung wird eine Ausstellung über einheimische Vögel präsentiert. Anschrift: Neustädter Straße 1, Öffnungszeiten: Mo-Fr 8.00-20.00 Uhr.

August-Gottschalk-Haus

Im August-Gottschalk-Haus befindet sich eine Gedenkstätte und Ausstellung zur neueren Geschichte der ostfriesischen Juden. Adresse: Burgstraße. Öffnungszeiten: April-Oktober, Di, Do und So 14.00-17.00 Uhr.

Marktplatz

Das Bild des Esenser Marktplatzes wird durch das alte Rathaus und durch das unter Denkmalschutz stehende Gebäude der Freifrau-von-Wangelin-Stiftung geprägt. Das alte Rathaus, ein roter Backsteinbau, wird heute noch immer das „Stadthaus" genannt. Seit alters befindet sich in den unteren Räumen die „Ratsgaststätte". Das repräsentative Gebäude der Freifrau-von-Wangelin-Stiftung diente adeligen Damen als Witwenstift. Seit 1943 wird es von der Stadtverwaltung genutzt. Bewunderung erregt heute noch der „Ahnensaal" mit Gemälden und Portraits von Mitgliedern der Familie von Wangelin und den mit farbenprächtigen handgewebten Gobelins behängten Wänden.

Bernstein-Museum

Der Besucher des Bernsteinmuseums erhält informative Einblicke in die Entstehung und Eigenarten des Bernsteins. Wußten Sie beispielsweise, daß „das nordische Gold" eigentlich ein fossiles Harz im Alter von 35 bis 50 Millionen Jahren ist? Anschrift: Herderstr. 14, Tel.: 04971/2278; Öffnungszeiten: März-Oktober, Mo-Fr 9.30-13.00 Uhr und 15.00-18.00 Uhr, während der Saison ist das Museum durchgehend von 9.30-18.00 Uhr geöffnet, Sa 10.00-12.30 Uhr.

Schmuck- und Edelsteinmuseum

Wer sich für schöne und rare Kostbarkeiten interessiert, der kommt im Schmuck- und Edelsteinmuseum voll auf seine Kosten. Öffnungszeiten: April – Oktober täglich 9.00-17.00 Uhr, Anschrift: Herdertor 33, Tel.: 04971/4137.

Naturkundehaus

Das 1997 in Bensersiel eröffnete Naturkundehaus ist ein besonderes Bonbon für Naturfreunde. Gezeigt werden naturkundliche Ausstellungen, ein Kräutergarten und Seewasseraquarien. Täglich finden interessante Veranstaltungen statt, deren Termine dem Veranstaltungskalender zu entnehmen sind. Anschrift: Seestraße, Bensersiel, Tel.: 04971/5848.

Freizeitangebote

Schiffsfahrten

Schiffsfahrten zu den Ostfriesischen Inseln oder nach Helgoland werden während der Saison regelmäßig angeboten. Darüber hinaus laden Informationsfahrten zu einer Tour durch den Nationalpark Niedersächsisches Wattenmeer und zu den Seehundsbänken ein. Info: Kurverwaltung Esens, Tel.: 04971/915-0 oder Schiffahrt Langeoog, Tel.: 04971/92890.

Kutschfahrten

Wenn Sie an einer Kutschfahrt teilnehmen möchten, können Sie sich unter den folgenden Telefonnummern über Termin und Treffpunkt informieren: 04971/4580 oder 4938 oder 04974/223.

Schwimmen

In den Sommermonaten empfiehlt sich ein erfrischendes Bad in der Nordsee oder im beheizten Meerwasser-Wellenfreibad in Bensersiel (Anschrift: Am Strand, Tel.: 04971/917-141). Tip: Eine Strandkorbreservierung sorgt auch an windigen Tagen für ein warmes Plätzchen im windgeschützten Korb (Tel.: 04971/915-115). Bei schlechterem Wetter bietet sich ein Besuch der Nordseetherme „Sonneninsel" an. (Anschrift: Schul-/Seestraße, Bensersiel, Tel.: 04971/916-141).

Wandern/Radfahren

Besonders zu empfehlen sind die „Ostfriesland-Wanderwege", der Waldlehrpfad im Schafhauser Wald sowie zahlreiche Rundwege. Für Besucher, die sich lieber in die Hände eines ortskundigen Führers begeben, werden geführte Rad- und Wandertouren sowie Wattwanderungen angeboten (Info-Tel.: 04971/4466). Informationen und Kartenmaterial sind bei der Kurverwaltung in Esens oder Bensersiel erhältlich.

Fahrradverleih

Adressen: Esso-Tankstelle, Bahnhofstr. 34, Esens, Tel.: 04971/3349; Fahrradverleih Brenne, Seestr. 24, Bensersiel, Tel.: 04971/1802; Tankstelle, Hauptstr., Bensersiel, Tel.: 04971/833; Fahrradverleih Janssen, Herderstr. 10, Esens, Tel.: 04971/3351; Fahrradverleih Julius, Friesenstr. 27, Bensersiel, Tel.: 04971/92900; Lüken, Auricher Str. 48, Esens, Tel.: 04971/2131; Moto-Shop, Jücherstr. 23a, Esens, Tel.: 04971/1452; Stefan's Fahrradshop, Steinstr. 37, Esens, Tel.: 04971/5574.

Sport

Der maritime Sport-Themen-Park ermöglicht die Ausübung verschiedener Sportarten, wie z.B. Beachsoccer, Beachvolleyball, Basketball, Badminton und Tennis sowie eine Skateranlage.

Angeln

Gastangelkarten sind erhältlich bei der Kurverwaltung Esens, am Kirchplatz und in Bensersiel, Tel.: 04971/915-111 und 917-111. Weitere Auskünfte erteilt der Fischereiverein Bensersiel unter der Tel.: 04971/2557. Außerdem bietet sich die Gelegenheit, an einer Hochsee-Angelfahrt auf dem Kutter „Edelweiß" oder dem Kutter „Möwe" teilzunehmen. Wer seine Angelausrüstung nicht dabei hat, kann an Bord Leih-Angelgeräte bekommen. Info-Tel.: 04971/7563 oder 04974/1209.

Drachensteigen

Die windige und flache Küstenlandschaft ist ein Dorado für „Drachenexperten" und Zuschauer. Treffpunkt: Drachenwiese am Strengeweg, zwischen Bensersiel und Dornumersiel.

Reiten

Wer einmal hoch zu Roß durch die ostfriesische Landschaft galoppieren möchte, kann sich an folgende Adressen wenden: Reithalle Esens, Norder Straße, Tel.: 04974/600; Reiterhof Gründeich, Tel.: 04971/4498; Reiterhof in Bensersiel, Taddigsweg, Tel.: 04971/5613; Ferienhof in Holtgast, Loogstraße, Tel.: 04971/7363; Ponyreiten in Neugaude, Tel.: 04977/457.

Erholung/Fitneß/Gesundheit/Kuren

Wer sich für das Thema Gesundheit interessiert, hat die Möglichkeit, an einem Gesundheitsbildungsprogramm teilzunehmen. Es umfaßt ein umfangreiches Themengebiet aus den Bereichen Ernährung, Bewegung und Entspannung. Info-Tel.: 04971/916-111, Kurmittelhaus Bensersiel. Darüber hinaus werden verschiedene Pauschalprogramme angeboten: „Frisch, fit, gesund", „Die Seele baumeln lassen", „Easy-Weight der mentale Weg zum natürlichen Schlanksein", „Beauty-Woche", „Mit dem Rad ünnerwegs" usw. Info: Nordseeheilbad Esens-Bensersiel e.V., Kurverwaltung, Kirchplatz, Tel.: 04971/915-0. Wer speziell seine Fitneß trainieren möchte, ist beim modernen Vital-Aktiv-Fitneß-Center an der richtigen Adresse (Tel.: 04971/916-131).

Kinderprogramm

Kinder können nach Herzenslust im Spielhaus „Kunterbunt" herumtoben. Außerdem gibt es das Kletterschiff „Hoppetosse" und die Spiel- und Bastelstuben im Haus „Regenschirm", Tel.: 04971/1384.

Großefehn
(Landkreis Aurich)

Die Gemeinde Großefehn liegt im Herzen Ostfrieslands, nur einen Katzensprung von Leer, Emden, Jever und der Nordsee entfernt. Das Bild der Gemeinde ist geprägt durch lange Fehnkanäle, weiße Fehnbrücken und historische Fehnhäuser. Überall im Fehngebiet stehen die berühmten ostfriesischen Windmühlen, weshalb das Gebiet auch das „5-Mühlen-Land" genannt wird. Vor beinahe 2000 Jahren bemerkte der römische Geschichtsschreiber Plinius, daß man in Ostfriesland „die vom Nordwinde erstarrten Glieder durch das Verbrennen getrockneten Erdschlamms erwärmte", womit der Torf gemeint war, der in Großefehn jahrhundertelang eine Rolle spielen sollte. Die eigentliche Geschichte Großefehns begann jedoch erst im Jahre 1633. Vier wohlhabende Bürger aus der Stadt Emden versuchten, ein großes Stück Moor urbar zu machen. Wie man heute weiß, geschah dies nicht ganz freiwillig. Der 30jährige Krieg hatte ostfriesische Städte und Gemeinden von der Torfzufuhr abgeschnitten, die Ostfriesen froren also! Diese Not machten sich die Kaufleute zunutze, investierten und legten den Grundstein für Großefehn. „Fehn" bedeutete früher: sumpfig-morastiges Land. Heute bezeichnet der Begriff eine Dorfform, bei der sich Fehnhäuser an einem schiffbaren Kanal aneinanderreihen wie Perlen auf einer Schnur. **Information:** Tourist-Information Mühlenhof, Verkehrs- und Heimatverein e.V. in Großefehn, Kanalstraße Nord 82, Tel.: 04943/9193-0.

Sehenswertes

Kirchen

Die 1736 erbaute Petrus-Paulus-Kirche in Timmel beherbergt einen sehenswerten Schnitzaltar aus dem Jahre 1884 sowie kostbare Wappenfenster und eine Kanzel, die auf das Jahr 1690 datieren. Der Glockenturm stammt aus dem Jahr 1850. Lohnend ist außerdem ein Abstecher in die Ortschaft Oldendorf. Hier befindet sich die in der zweiten Hälfte des 13. Jahrhunderts errichtete Petri-

Klappbrücke mit der Mühle Onken in Westgroßefehn

Kirche. Bemerkenswerte Schätze sind eine kostbare Barockkanzel aus dem Jahre 1663, ein Taufstein Bentheimer Typs und eine seltene Jehmlich-Orgel aus Dresden. Sehenswert ist ebenfalls die im romanischen Stil erbaute Barbara-Kirche in Bagband. Sie beheimatet die frühgotische Skulptur „Madonna von Bagband auf der Mondsichel" und eine Kanzel aus dem Jahre 1639. Übrigens: Kennen Sie den „schiefen Turm von Holtrop"? Es handelt sich dabei um einen alten Glockenturm, der im Verlauf von 700 Jahren langsam im moorigen Untergrund eingesunken ist. Die Holtroper Kirche beherbergt einen sehenswerten Barockaltar aus dem 17. Jahrhundert sowie eine wertvolle Renaissance-Kanzel. Nennenswert sind weiterhin die auf das Jahr 1894/95 datierende Auferstehungskirche in Ostgroßefehn und die im

romanischen Stil erbaute Sankt Barbara-Kirche in Strackholt. Hier befindet sich ein protestantischer Flügelaltar aus dem Jahre 1654 und ein Bentheimer Taufstein aus dem 13. Jahrhundert.

Alte Dorfschule Timmel

Seit 1679 gab es Lehrer in Timmel, das erste Schulhaus wurde 1739/40 gebaut. Im Jahre 1891 wurde eine neue zweiklassige Volksschule gebaut. Auf Grund örtlicher Initiativen wurde das leerstehende Schulgebäude 1991 um- und ausgebaut. Der alte Schulhof ist Dorfplatz geworden. Die alte Schule beherbergt die Wandergruppe Timmel, den Kindergarten, die Ortsfeuerwehr und eine Bücherei.

Historische Bäume

Der Ortskern Timmel beheimatet vier historisch bedeutsame Bäume: die Dorflinde, die Bismarkeiche, die Friedensbirke und den Baum der Deutschen Einheit. Die Dorflinde steht auf einem steinbedeckten Erdhaufen. Unter ihr versammelte sich in früheren Jahrhunderten, als es noch keine Versammlungsräume gab, die Dorfgemeinschaft, um Rat zu halten. Sie ist das Symbol für dörfliche Selbstbestimmung. Die jetzige Linde ist noch nicht sehr alt und muß Vorgänger gehabt haben. Die Bismarckeiche ist von einem eisernen Zaun eingefaßt. Sie kam als Geschenk der Reichskanzlers Otto von Bismarck aus dem Sachsenwald und wurde 1897 zur Erinnerung an Kaiser Wilhelm I. in Timmel gepflanzt. Die Friedensbirke steht in der Nähe der alten Dorfschule. Sie wurde zum 40jährigen Kriegsende 1985 gepflanzt. Am Rande des Dorfplatzes steht der Baum der Deutschen Einheit. Er wurde 1990 vom Ortsbürgermeister aus einem Dorf der damaligen DDR in Sachsen-Anhalt mitgebracht.

Zeitzeugen der Moorkolonisation

Wer sich auf die Spuren der Moorkolonisation begibt, sollte die Tatjebrücke, das „Pannekoekenschipp", die Companiehäuser und die Alte Seefahrtschule Timmel besuchen. Die Entstehung der ehemaligen Seefahrtschule ist eng verflochten mit der Urbarmachung des Hochmoores und der Gründung der Fehnsiedlungen. Im 18. und 19. Jahrhundert begannen die Bewohner der Fehne in immer stärkerem Maße, ihr Brot in der Schiffahrt zu verdienen. Es wurden Navigationsschulen in Emden, 1842 in Papenburg und 1846 in Timmel gegründet. Das jetzige Gebäude stammt aus dem Jahre 1862. Heute

Paddelgruppe vor der Onken-Mühle

ist hier das „Haus des Gastes" untergebracht. Öffnungszeiten: Di-So 15.00-18.30 Uhr, Tel. 04945/344 oder 214 oder 04943/ 919312. Die Tatjebrücke bei Timmel hängt eng mit der Entstehung von Spetzerfehn zusammen. Im Jahre 1736 bauten die Timmeler einen Kanal vom Boekzeteler Meer bis Ulbargen. Der Kanal ermöglichte seit 1746 die Entstehung der Moorsiedlung Spetzerfehn. Die Verwalterin Tatje Egberts mußte sich verpflichten, eine Brücke über den Kanal zu bauen. Bis heute trägt diese ihren Namen. Vor der Ostgroßefehner Mühle ankert im Großfehnkanal das ehemalige Torfschiff „Antje". Inzwischen ist daraus das „Pannekoekenschipp" entstanden. In den Companiehäusern gegenüber vom „Pannekoekenschipp" tagten früher die Fehnherren.

Schleuse

Schon im Jahre 1711 mußte in Westgroßefehn eine Schleuse angelegt werden, um den Schiffsverkehr zu ermöglichen. Bereits im

Jahr 1784 wurde die Schleuse in Stein neu erbaut und dabei an eine andere Stelle direkt an den Beginn des Fehnkanals an der Flumm verlegt. Fast 200 Jahre später (1979-1981) wurde die Schleuse renoviert.

Brauerei Feyen

Im Jahre 1713 begann der erste Siedler auf der Feyerschen Fehnstelle mit dem Bierbrauen. Bis 1929 wurde nur Braunbier gebraut. Heute stellt die Brauerei Feyen Anjola her und vertreibt Bier und Erfrischungsgetränke. Noch heute ist die historische Brauereigaststätte zeitweise geöffnet. Anmeldung unter der Tel.: 04943/9195-0.

Fehnmuseum Eiland

Das Fehnmuseum stellt die Entwicklung der Fehnsiedlung Großefehn in einem typischen ostfriesischen Gulfhaus dar. Es befindet sich an der Stelle, wo einst die Verfehnung begann und später Schiffbau und Gewerbe blühten. Ein großer Teil des Museums ist dem Schiffbau und den Schiffstypen gewidmet.

Altes Handwerk

Die erhaltene Dorfschmiede des Schmiedemeisters Striek befindet sich in der verkehrsberuhigten Zone in Westgroßefehn. Sie zeigt das historische Handwerk des Huf- und Wagenschmiedes. Außerdem kann man ein neu eingerichtetes Webmuseum in der Alten Dorfschule in Westgroßefehn besichtigen. Die Drechslerwerkstatt Eden in Mittegroßefehn zeigt, wie Boßelkugeln hergestellt werden. Desweiteren besteht die Möglichkeit, die historische Landbrauerei und das Biermuseum in Bagband kennenzulernen. Hier befindet sich die kleinste, noch in Betrieb ste-

Badestrand am Timmeler Meer

hende Flaschenabfüllung der Welt. Wer sich für ländliches Kulturgut interessiert, sollte einen Besuch im Alte-Dinge-Hof in Timmel (Adresse: Ulbarger Straße 23, Großefehn, Tel.: 04945/912911) und einen Besuch des Oll-Reef-Huus in Wrisse nicht versäumen.

Arend-Hoppe-Hügel

Der Arend-Hoppe-Hügel bei Ostgroßefehn ist die höchste Erhebung der Gemeinde. Von hier hat man einen schönen Blick über den Kanal und den Ort Ostgroßefehn.

Porzellanpuppenausstellung

Im Bürgerhaus von Ostgroßefehn befindet sich eine ständige Ausstellung exklusiver Porzellanpuppen in über 70 historischen Nachbildungen. Die Ausstellung kann während der allgemeinen Öffnungszeiten des Bürgerhauses besucht werden.

Windmühlen

Die Gemeinde Großefehn umfaßt eines der schönsten Mühlengebiete Ostfrieslands. Schon von weitem ragt in der weiten Wiesenlandschaft um Westgroßefehn die Windmühle Onken aus dem Jahre 1773 auf. Der Galeriehölländer wurde nach mehreren Feuersbrünsten im Jahre 1889 neu aufgebaut. Sie dient heute als Futtermühle. Östlich von Westgroßefehn liegt die 1812 erbaute und inzwischen restaurierte Windmühle von Bagband. Der zweistöckige Galeriehölländer kann von Ostern bis September besichtigt werden. Wann? Sonntags von 10.00-12.00 Uhr und von 16.00-18.00 Uhr sowie nach Absprache (Tel.: 04946/1060). Sehenswert ist außerdem der vierstöckige Galeriehölländer aus dem Jahre 1886 in Spetzerfehn, der

seit 1955 wieder in Betrieb ist. Er kann nach Absprache besichtigt werden (Tel.: 04943/648). Nördlich von Spetzerfehn stößt man auf den zweistöckigen Galeriehölländer aus dem Jahre 1804 von Ostgroßefehn. Die Mühle und das angrenzende Packhaus beherbergen heute eine Kunstgalerie, die sich insbesondere mit Werken russischer Künstler einen Namen gemacht hat. Im ehemaligen Müllerhaus ist die Touristik-Information Großefehn untergebracht, Tel.: 04943/9193-0.

Freizeitangebote

Wandern/Radfahren

Zwei Binnenseen (Boekzeteler Meer/Frauenmeer) bieten eine reizvolle Kulisse für Rad- und Wandertouren. Die Wandergruppe Großefehn e.V. versorgt Sie auf Wunsch mit Wanderinformationen und Tourenvorschlägen. Eine beliebte Strecke ist beispielsweise der Ostfrieslandwanderweg, der durch ein weißes „O" auf schwarzem Feld markiert ist. Information: Jann Bruns, Eichenstraße, Timmel, Tel.: 04945/1544.

Reiten

Aus bäuerlicher Wurzel entstand 1948 der Fahr- und Reitverein Timmel. Die Reithalle liegt in unmittelbarer Nähe des Campingplatzes und des Bootshafens. Ausritte sind auf den ausgewiesenen Reitwegen möglich. Auskunft: Zur Mühle 32, Timmel, Tel.: 04945/1233.

Kanalfahrt

Jeden Sonn- und Feiertag schippert die Motortjalk „Gretje" über die Kanäle und Tiefs im Timmeler Becken. Im Jahre 1913 lief

Radfahren im 5-Mühlen-Land Großefehn

die jetzige „Gretje", damals noch zum Transport von Torf, vom Stapel. Inzwischen wurde das Schiff restauriert und dient heute der Beförderung von Gästen. Die Fahrt beginnt mit einem Abstecher ins künstlich angelegte Timmeler Meer, führt dann durch die grüne Meedenlandschaft am Rande des Naturschutzgebietes „Fehntjer Tief" und endet zunächst in einem kleinen Hafenbecken am Fehnmuseum Eiland. Nach einer Stärkung geht es schließlich nach Timmel zurück.

Schwimmen/Wassersport

Freunde des Wassersports treffen sich am Sportboothafen am Timmeler und Boekzeteler Meer. Hier kann man auch Tretboote,

Fahrgastschiff „Gretje" im Bootshafen Timmel

53

Ruderboote und Kajaks mieten. Information: Gemeinde Großefehn, Mühlenhof in Ostgroßefehn, Kanalstraße Süd 54, Tel.: 04943/91930. Übrigens: Der Timmeler Hafen ist ein günstiger Ausgangspunkt für Kanutouren (Info-Tel.: 04946/8176). Zum Schwimmen laden das beheizte Freibad in Holtrop und der Badestrand am Timmeler Meer ein.

Feste und Veranstaltungen

Festivitäten

Zu den festlichen Höhepunkten zählen das Reiterfest im August und die Großefehner Mühlentage in Ostgroßefehn im Juni. Nennenswert sind außerdem das Hafenfest in Timmel, die Schützenfeste in Ostgroßefehn, Strackholt und Aurich-Oldendorf-Moolage, das Boßelfest in Akelsbarg, der Bagbander Markt im April, das Moolager Fahrturnier Anfang Mai und das Feuerwehrfest in Spetzerfehn im Juli.

Großheide
(Landkreis Aurich)

Die Gemeinde Großheide besteht aus zehn ehemals selbständigen Ortschaften, die 1972 zur Einheitsgemeinde Großheide zusammengefaßt wurden. Die Landschaft ist abwechslungsreich. Sie bietet Moor, Wald, Heide und satte Wiesen. Wenn auch die Geschichte der Gemeinde Großheide noch jung ist, so blicken doch die einzelnen Ortschaften auf eine mehr oder weniger lange Vergangenheit zurück. Ein Beispiel dafür ist das Dorf Menstede-Coldinne, in dem in der ersten Hälfte des 13. Jahrhunderts ein Klo-

ster und eine Mühle errichtet wurden. Der Standort der Mühle heißt noch heute „Mullwarf". Ein weiteres Beispiel ist der Ort Arle mit einer Kirche aus dem 11. Jahrhundert. Arle hat seine frühere Bedeutung durch die günstige geographische Lage am Handelsweg Norden – Westerholt – Esens erhalten. Die Ortschaft Großheide, die der heutigen Gemeinde ihren Namen gab, wurde erstmals im Jahre 1552 in den Akten des Amtes Berum erwähnt. Das Dorf bestand bis zum Ende des 18. Jahrhunderts nur aus dem jetzigen Ortskern. Erst im Laufe der Zeit entwickelte sich der Ortsteil „Ostermoordorf" als Folge des hier betriebenen Torfabbaus. **Information:** Tourist-Information Großheide, Schloßstraße 10, Tel.: 04936/9189-25 oder 9189-0.

Sehenswertes

Windmühlen

Die Windmühlen sind das Wahrzeichen der ostfriesischen Landschaft. Der Erdholländer in Südcoldinne (Königsweg 5) kann von Mai bis Oktober sonntags von 10.00-12.00 Uhr besichtigt werden. Führungen finden nach Vereinbarung statt (Tel.: 04936/918951). Der zweistöckige Galerieholländer in Berumerfehn (Mühlenweg 1b) ist in der Zeit von April bis Oktober Sa 14.00-17.00 Uhr und So 10.00-12.00 Uhr geöffnet. Führungen können vereinbart werden (Tel.: 04936/7675 oder 04936/8165).

Schustermuseum

Im Schustermuseum in Berumerfehn scheint die Zeit stehen geblieben zu sein. Altes, zum Teil vergessenes Handwerk wird durch einen Einblick in vergangene Tage wieder leben-

Radfahren in der Region Großheide

merfehner Wald (Info-Tel.: 04936/526). Hier erhält man interessante Hinweise und Informationen über die heimische Flora und Fauna. Darüber hinaus besteht die Möglichkeit, an einer Moor- oder Wattwanderung teilzunehmen (Info-Tel. für Moorwanderungen: 04936/7109, Infos für Wattwanderungen: Tel. 04933/ 1027, beste Anrufzeit: 18.00-22.00 Uhr).

dig. Adresse: Westerwieke 4; Öffnungszeiten: Mai bis Oktober Di 14.30-17.30 Uhr, Führungen finden nach telefonischer Absprache statt, Tel.: 04936/7289.

Wald- und Moormuseum

Im Wald- und Moormuseum präsentieren sich inzwischen selten gewordene, heimische Pflanzen und Tierarten. Adresse: Kirchweg 1; Öffnungszeiten: Mi, Sa, So 10.00-18.00 Uhr, in den Hauptferienzeiten täglich 10.00-18.00 Uhr, Führungen finden nach telefonischer Absprache statt, Tel.: 04936/526.

Freizeitangebote

Wandern/Radfahren

Bei der Tourist-Information sind Karten und ausgearbeitete Tourenvorschläge erhältlich. Lohnend ist außerdem eine naturkundliche Wanderung auf dem Waldlehrpfad im Beru-

Schwimmen

Schwimmen kann man natürlich jederzeit in der Nordsee. Wer wärmere Wassertemperaturen bevorzugt, dem stehen das Freibad in Großheide und das Hallenbad im Kurzentrum zur Verfügung. Öffnungszeiten des Freibads: Mo-Fr 10.00-20.00 Uhr, Sa und So 9.30-18.00 Uhr, Adresse: Badstraße 1, Berumbur, Tel.: 04936/918445; Öffnungszeiten des Hallenbades: Di 17.00-20.00, Mi 9.15-20.00 Uhr, Do 15.00-18.00 Uhr, Fr 15.00-20.00 Uhr, Sa 9.00-18.00 Uhr, So 9.00-12.00 Uhr.

Reiten

Reiterferien für Kinder und Reitunterricht für Erwachsene werden von zahlreichen Bauernhöfen und Reitvereinen angeboten. Gäste sind immer herzlich willkommen. Information: Reit- und Fahrverein Westerende, Westerender Straße 11, Tel.: 04936/360.

Torfkahnfahrt

Wer einmal mit einem Torfkahn auf den Schiffsgräben entlang „schippert", kann sich mit etwas Phantasie in die Zeit der Moorkolonisation zurückversetzen. Damals wurde hier Torf, ein wertvolles Brennmaterial, abgebaut und auf den Gräben und Kanälen in die Ortschaften und Städte transportiert. Info-Tel.: 04936/501.

Kutschfahrt

Wenn Sie an einer Kutschfahrt teilnehmen möchten, können Sie sich unter folgender Telefonnummer über die aktuellen Termine informieren: 04936/918925.

Boßeln

Der ostfriesische Nationalsport findet auch in Großheide seine Anhänger. Gäste sind bei diesem Teamsport immer herzlich willkommen. Interessierte Besucher können sich unter der Telefonnummer 04936/918925 informieren.

Feste und Veranstaltungen

Regelmäßig finden Bauern-, Wochen- und Flohmärkte statt. Ein besonderer Höhepunkt ist der Dröschkemarkt. Hier wird mit alten Dreschmaschinen, Traktoren und anderen Hilfsmitteln die damals übliche Getreideverarbeitung demonstriert. Dieses Spektakel ist nicht nur für historisch und landwirtschaftlich interessierte Erwachsene sehenswert, sondern es bereitet auch besonders Kindern große Freude. Der Dröschkemarkt findet alle zwei Jahre im August vor der Gaststätte Merkur, Coldinner Straße 16 statt. Info-Tel.: 04936/538. Übrigens: Pferdenarren und Wettfreunde treffen sich regelmäßig in Westerende zu den dortigen Reitturnieren. Detaillierte Informationen über aktuelle Veranstaltungen und Termine erhalten Sie bei der Tourist-Information Großheide.

Hage
(Landkreis Aurich)

Das Wort „Samtgemeinde" hat, wie häufig von auswärtigen Gästen vermutet wird, nichts mit Samt und Seide zu tun. Es handelt sich hierbei um einen Ausdruck aus der Verwaltungssprache und bedeutet „Gesamtgemeinde", die nach einem Zusammenschluß von mehreren selbständigen Einzelgemeinden entsteht. Dieser Vorgang hat im Jahre 1965 in Hage stattgefunden. Damals haben sich der Marktflecken Hage, zu dem bereits Berum und Blandorf-Wichte gehörten, sowie die Gemeinden Berumbur, Halbemond, Lütetsburg und Hagermarsch zur Samtgemeinde Hage zusammengeschlossen. Da der Name „Hage" aus dem niederdeutschen Wort „Hag", was soviel wie Wald bedeutet, stammt, ist anzunehmen, daß die hiesigen Waldgebiete schon vor vielen Jahrhunderten vorhanden waren. Heute ist Hage der zentrale Mittelpunkt der Samtgemeinde. Hier befinden sich Verwaltung, Schulen und Sporteinrichtungen sowie Ärzte und Apotheken. Der vielseitige Einkaufsort mit zahlreichen Geschäften und einem vielseitigen gastronomischen Angebot versorgt inzwischen ein weitläufiges Hinterland. **Information:** Kurverwaltung und Verkehrsamt, Luftkurort Hage, Kurzentrum, Badstraße 1, Hage-Berum, Tel.: 04936/9184-0, Fax: 04936/918455.

Haus des Gastes in Hage

Ortsführungen

Besonders empfehlenswert ist die Teilnahme an einer Ortsführung, bei der auch die Hager Mühle bis zur Galerie besichtigt werden kann. Die aktuellen Termine werden im Veranstaltungskalender veröffentlicht. Information: Kurverwaltung und Verkehrsamt.

Außerdem werden in den Sommermonaten Bustouren zu den Sehenswürdigkeiten Ostfrieslands angeboten. Die Termine werden per Plakataushang bekannt gegeben.

Sehenswertes

Besonders sehenswert sind die im 13. Jahrhundert auf einer Warf errichtete Wehrkirche zu Hage, die St. Ansgari-Kirche und die Hager Mühle. Erste Erwähnungen der Mühle datieren auf das Jahr 1597. Der Galerieholländer ist mit einer Höhe von 42 Metern höchste Mühle Ostfrieslands. Wer sich genauer über die Hager Geschichte informieren möchte, sollte einen Besuch im Magda-Heyken-Haus mit einer heimatkundlichen und historischen Sammlung nicht versäumen.

Burgen

Die Burg Berum und die Lütetsburg sind historische Zeugen einer wechselvollen Geschichte. Die zum Wasserschloß umgebaute Lütetsburg gilt als eine der schönsten Burganlagen Norddeutschlands. Das Schloß wurde seit seiner Gründung im späten Mittelalter wiederholt durch Feuer zerstört und immer wieder in veränderter Form aufgebaut. Seit dem Jahre 1581 befindet es sich

Die Hager Mühle

im Besitz der Familie zu Inn- und Knyphausen, deren Nachfahren noch heute darin leben. Der dazugehörende, im englischen Stil angelegte Schloßpark mit seinem uralten Baumbestand, den zahllosen Rhododendren und Azaleen ist von romantischer Schönheit. Ein Besuch lohnt sich zu jeder Jahreszeit.

Freizeitangebote

Angeln

Angelmöglichkeiten bestehen im Hager Tief und im Kiessee am Ferienpark. Eine Angelerlaubnis erhalten Sie durch Vorlage eines gültigen Sportfischerausweises im Verkehrsamt, Kurzentrum, Badstraße 1, Hage-Berum.

Fahrt mit der Museumseisenbahn

Nachdem die Bundesbahn auf der Strecke Norden – Hage – Esens den Personenverkehr einstellte und das Teilstück von Dornum nach Esens abgebaut hat, kam es im Jahr 1987 zur Gründung des Museumseisenbahnvereins Küstenbahn Ostfriesland e.V. Diese Vereinigung von aktiven Eisenbahnfreunden hat es sich zur Aufgabe gemacht, die historische Bedeutung dieser Eisenbahnstrecke wieder ins Bewußtsein zu rücken und zumindest an einigen Wochenenden im Jahr der Bevölkerung und den Gästen ein Stückchen Eisenbahnromantik zurückzugeben. Ein Tip: Kombinieren Sie eine Küstenbahnfahrt mit einem Fahrradausflug. Nähere Informationen sind unter der Adresse: Norddeicher Straße 82a, Norden, Tel.: 04931/ 169030 erhältlich.

Schwimmen

Im Frei- und Hallenbad Hage-Berum kann man bei jedem Wetter Badefreuden genießen. Das Freibad bietet eine 70 Meter lange Wasserrutsche. Öffnungszeiten des Hallenbades: Di 17.00-20.00 Uhr, Mi 9.15-20.00 Uhr, Do 15.00-18.00 Uhr, Fr 15.00-20.00 Uhr, Sa 9.00-18.00 Uhr, So 9.00-12.00 Uhr und 15.00-18.00 Uhr, innerhalb dieser Zeiten sind spezielle Nutzungen des Bades, wie z.B. Wassergymnastik etc. enthalten. Über die aktuellen Nutzungen und Freischwimmzeiten informiert Sie das Hallenbad unter der Tel.: 04936/918445; Öffnungszeiten des Freibads: Mo-Fr 10.00-20.00 Uhr, Sa und So 9.30-18.00 Uhr. Darüber hinaus gibt es in Hages Umgebung einige einladende Badestrände. Sie befinden sich in den Nordseebädern Norddeich, Dornumersiel, im Küstenbadeort Neßmersiel und im Nordseeheilbad Bensersiel.

Joggen

Von April bis September findet jeden Sonntag um 10.00 Uhr am Forsthaus Lütetsburg ein Lauf-Treff statt. Von Dezember bis März treffen sich die Läufer mittwochs um 19.00 Uhr am Schloß Lütetsburg. Nähere Informationen erteilt W. Ihlow, An der Riede 2, Hage.

Wandern/Radfahren

Besonders reizvoll sind die Wege am Ufersaum des Wattenmeeres in der Hagermarsch oder der Ort Halbemond, der sich mit seinen Naturschönheiten besonders für Radtouren eignet. Ebenso einladend ist ein großes Waldgebiet, das sich im Süden und im Norden an den Schloßpark der Lütetsburg anschließt oder der rekultivierte Kiessee am Ferienpark. Wer möchte, kann an einer der regelmäßig angebotenen, geführten Fahrradtouren teilnehmen. Nähere Informationen erteilt das Verkehrsamt. Eine detaillierte Wanderkarte ist im Verkehrsamt oder im örtlichen Buch- und Zeitschriftenhandel erhältlich. Besonders empfehlenswert ist die Teilnahme an einer geführten Wattwanderung. Wattführer veranstalten während der Sommermonate fast täglich Exkursionen ins Wattenmeer oder führen Wanderungen zu den Inseln Baltrum und Norderney durch. Die genauen Termine und weitere Informationen entnehmen Sie bitte den Plakaten der Veranstalter oder erkundigen sich beim Verkehrsamt.

Fahrradverleih

Adressen: Zweirad Lammert Brust, Hauptstraße 37, Tel.: 04931/7033. E. Burmeister, Birkenstraße 1, Berumbur, Tel.: 04936/576. H. Freese, Hauptstraße 47, Berumbur, Tel.: 04936/8006.

Rundflüge

Wer die Landschaft einmal aus der Vogelperspektive erkunden möchte, sollte sich an folgende Adresse wenden: Flugplatz Norddeich (Frisia Luftverkehr GmbH FLN), Tel.: 04931/9332-0.

Windsurfen

Surfmöglichkeiten sind in Norddeich vorhanden. Anlaufstellen: Surfrevier Roter Pfahl oder Binnensee „Großes Meer".

Feste und Veranstaltungen

Festivitäten

Einer der Höhepunkte des Jahres ist das Hager Ortsfest im Juli. Hier feiern Einheimische und Gäste zwei Tage lang gemeinsam das Bestehen des Ortes. Übrigens: Nicht nur in Bremen gibt es eine Eiswette. Alljährlich im Januar lautet auch in Hage die Frage: Ob wohl der Burggraben der Burg Berum zugefroren ist und ob das Eis wohl trägt? Ein prominenter Hager Bürger muß die Festigkeit des Eises überprüfen und den Burggraben überqueren. So oder so! Dieser Winterspaß findet im Rahmen eines Festes mit Musikprogramm statt.

Kirchenkonzerte

In der St. Ansgari-Kirche in Hage finden von Zeit zu Zeit Orgelkonzerte mit namhaften Interpreten statt. Genauere Informationen entnehmen Sie bitte dem Veranstaltungskalender.

Die Kirche von Suurhusen (Hinte) mit schiefem Kichturm

Hinte

(Landkreis Aurich)

Die Gemeinde Hinte mit den Ortschaften Canhusen, Cirkwehrum, Groß-Midlum, Hinte, Loppersum, Osterhusen, Suurhusen und Westerhusen liegt im Nordwesten Ostfrieslands und grenzt unmittelbar an die Seehafenstadt Emden. Im frühen Mittelalter war Hinte durch eine tiefe Meeresbucht mit der Nordsee verbunden. Heute wird das gesamte Gebiet von zahlreichen Entwässerungskanälen durchzogen, an denen schöne Wander- und Fahrradwege verlaufen. **Information:** Tourist-Information, Fremdenverkehrsverein Hinte e.V., Brückstraße 11, 26759 Hinte, Tel. 04925/990106, Fax: 04925/990107.

Sehenswertes

Kirchen

Im Ortsteil Hinte ist die auf einer Warf gelegene, reformierte Kirche aus dem 15. Jahrhundert mit dem noch älteren Glockenturm allemal einen Besuch wert. Kanzel, Orgel und Gestühl stammen aus dem 16. und 17. Jahrhundert. Sehenswert ist ebenfalls die im gotischen Stil erbaute Kirche in Westerhusen aus dem 15. Jahrhundert. Sie beherbergt eine kostbare Orgel aus dem 13. Jahrhundert. Eine Attraktion der besonderen Art ist der schiefe Kirchturm in Suurhusen. Er wurde um 1450 an die Kirche aus der ersten Hälfte des 13. Jahrhunderts angebaut. Der Turm hat einen Überhang von 2,428 Metern bei einer Höhe von 27,37 Metern. Die Schieflage be-

Burg Hinta in Hinte

trägt 5,07 Grad und übertrifft sogar den schiefen Turm von Pisa. Führungen durch die Kirche finden dienstags um 11.00 Uhr oder nach Vereinbarung statt. Auskunft: Herr Tammen, Tel.: 04925/1291 oder Frau Buß, Tel.: 04925/2863.

Windmühle

Der dreistöckige Galerieholländer Hinte wurde in den Jahren 1992-1999 vollkommen restauriert. Er beherbergt heute die Fremdenverkehrszentrale, die Gemeindebücherei, ein Trauzimmer, eine Gemäldegalerie sowie ein Friesenzimmer. Im ehemaligen Maschinenhaus ist eine gemütliche Teestube eingerichtet worden. Öffnungszeiten: Sa und So 15.00-18.00 Uhr. In dieser Zeit finden auch kostenlose Mühlenführungen statt. Für Gruppen kann ein Termin vereinbart werden. Tel.: 04925/990106.

Museum

Im Landarbeiterhaus in Suurhusen befindet sich ein kleines Museum, das in wiederhergestellten Räumlichkeiten die bescheidene und beengte Wohn- und Lebenssituation einer ostfriesischen Landarbeiterfamilie um 1900 zeigt. Öffnungszeiten: Do 15.00-19.00 Uhr, So 15.30-17.00 Uhr, weitere Termine für Gruppen sind nach Vereinbarung möglich. Tel.: 04925/1775.

Historische Gebäude

Wer sich für alte Gemäuer interessiert, sollte einen Besuch des 1859 erbauten Fresenhus in Loppersum und des Guts Wichhusen aus dem 18. Jahrhundert nicht versäumen. Das Herrenhaus Wichhusen liegt an der Straße, die von Hinte nach Cirkwehrum führt.

Freizeitangebote
Wandern/Radfahren

Gut ausgeschilderte Wander- und Fahrradrouten (z.B. „Rad up Pad"/Mühlenroute) führen durch das ostfriesische Binnenland. Radwanderkarten sind in der Fremdenverkehrszentrale/Mühle erhältlich.

Wassersport

Rudern und Kanusport sind auf den zahlreich vorhandenen Kanälen unter idealen Bedingungen möglich. Der nächste Bootsverleih befindet sich in Emden beim Wasserturm. Gelegenheiten zum Surfen und Segeln bieten sich auf der „Hieve" und auf dem „Großen Meer" im Gebiet der Gemeinde Südbrookmerland.

Schwimmen

Baden, Schwimmen und Saunieren kann man im Schwimmbad im Hotel „Novum", Tel.: 04925/92180.

Boßeln

Am Boßelsport Interessierte können sich an folgende Kontaktadressen wenden: Aeilt de Vos, Tel.: 04925/ 302 oder Ommo Oltmanns, Tel.: 04925/ 1554.

Feste und Veranstaltungen

Besonders zu nennen sind die alljährlich stattfindenden Schützenfeste (Loppersum, im Juni), der Frühjahrsmarkt (Hinte, Mitte April), der Mühlentag (Hinte, 2. Pfingsttag) und der Denkmalstag (Hinte, im September). Über aktuelle Veranstaltungen informiert Sie die Tourist-Information oder der Veranstaltungskalender.

Ihlow
(Landkreis Aurich)

Wald, Wasser und Weite, das sind die Markenzeichen der Feriengemeinde Ihlow (12.000 Einwohner), die im Jahr 1972 im Rahmen der Gebietsreform aus zwölf Ortsteilen entstanden ist. Verschlungene Wasserläufe, idyllische Flachseen und Fehnkanäle durchziehen die alten Siedlungsräume des Erholungsgebietes Ihlow im Herzen Ostfrieslands. Der planmäßige Abbau und die Besiedelung der Moore begann im Jahre 1639 in Hüllerfehn und Lübbertsfehn. Im Jahre 1780 wurde mit dem Torfabbau und der Besiedelung in Ihlowerfehn begonnen. Besonders er-

wähnenswert ist das im hohen Mittelalter angelegte Zisterzienserkloster, das mitten im Staatsforst Ihlow lag. Es wurde im Zuge der Reformation aufgelöst. Die Mönche waren damals Wegbereiter neuer Techniken der Landgewinnung und des Wasserbaus. **Information:** Heimat- und Verkehrsverein Ihlow, Rathaus Ihlowerfehn, Alte Wieke 6, Tel.: 04929/89-301, Fax: 04929/ 89118.

Sehenswertes

Mühlen

Die über 300 Jahre alte Kokermühle in Riepe-Leegmoor ist die einzige dieser Art im gesamten nordwestdeutschen Raum und gilt als „technisches Kulturdenkmal". Sie hat die Funktion einer Wasserschöpfmühle und ist eine Weiterentwicklung der Bockwindmühle. An der im Koker nach unten verlaufenden Achse konnten Zahnräder angebracht werden, die Schöpfräder oder archimedische Schrauben antrieben (Info-Tel.: 04929/ 89301). Neben den Kokermühlen gab es zur Entwässerung auch sogenannte Fluttermühlen. Eine Fluttermühle ist vom Mühlenbauer Ubbo Heyen aus Riepe in Zusammenarbeit mit der Kreisvolkshochschule Aurich und der Gemeinde Ihlow im Ortsteil Riepe an der Emder Straße originalgetreu nachgebaut worden. Weitere sehenswerte Mühlen finden Sie in Simonswolde und Ihlowerfehn (Info-Tel.: 04929/ 89301).

Kirchen

Die Kirche in Riepe steht stellvertretend für die uralten Kirchen, die in vielen Ortsteilen noch erhalten sind. Ihr Turm wird im Volksmund liebevoll „Teebüss" (Teebüchse) genannt. Info-Tel.: 04928/912086.

Galeriehölländer in Ihlow

Kirche in Riepe (Ihlow)

Historische Grabungsstätte

Der 350 Hektar große Staatsforst „Ihlower Forst" beherbergt die historische Grabungsstätte des Zisterzienserklosters.

Museen

Das Fehnmuseum „de Groot'sche Hus" in Ihlowerfehn lädt zu einem informativen Besuch und zu einer Tasse Tee in seiner gemütlichen Teestube ein. Öffnungszeiten: Fr 15.00-17.00 Uhr, Sa 14.00-17.00 Uhr, So 14.00-18.00 Uhr; Tel.: 04929/457. Sehenswert ist auch das Schlickmuseum in Riepe. Es zeigt die über 40jährige Geschichte der Überschlickung im Niederungsgebiet Emden – Riepe. Öffnungszeiten: So 15.00-18.00 Uhr; Tel.: 04921/23704 oder 25672.

Kunstscheune

Die Kunstscheune ist ein Galerie/Cafe in der Lübbertfehner Straße 69. Hier präsentieren sich hiesige Künstler mit ihren Arbeiten. Zu sehen sind außerdem alte Handwerkskünste und Kunsthandwerk. Tel.: 04945/1674; Öffnungszeiten: täglich 10.00-24.00 Uhr, montags ab 14.00 Uhr.

Freizeitangebote

Angeln

Die Gemeinde Ihlow ist ein echtes Angelparadies. Gegen Vorlage des Sportfischerscheins erhalten Sie in der Geschäftsstelle des Heimat- und Verkehrsvereins Ihlow eine Gastkarte. Info-Tel.: 04941/5231.

Schwimmen

Reizvoll gelegene Badeorte, wie das Natur-bad „Ihler Meer", laden im Sommer zum Schwimmvergnügen ein. Hier findet man neben einem herrlichen Sandstrand, eine Strandkorbvermietung, ein Fitneßcenter, ein Kneipp-Wassertretbecken, eine großzügige Liegewiese, einen Spielplatz, mehrere Tennisplätze und ein Strandcafe mit Seeblick. Beheizte Freibäder befinden sich in den Ortschaften Riepe (Fennenstraße, Tel.: 04928/ 734; Öffnungszeiten: Mo-Fr 10.00-19.00 Uhr, Sa und So 10.00-18.00 Uhr) und Simonswolde (Straße „Zum Sportzentrum", Tel.: 04929/310; Öffnungszeiten: Mo-Fr 14.00-19.00 Uhr, Sa 14.00-18.00 Uhr, So 10.00-18.00 Uhr).

Wandern/Radfahren

Durch Ihlow führen u.a. die „Friesenroute – Rad up Pad", die „Mühlenroute" sowie die „Eins-Zwei-Drei-Route". Besonders empfehlenswert ist der „Treidelpad", der auf einer Länge von 38 Kilometern entlang alter Wasserwege führt.

Fahrradverleih

Adressen: Alte Wieke 44, Ihlowerfehn, Tel.: 04929/335; Friesenstraße 82, Ochtelbur, Tel.: 04928/1551; Auricher Straße 42, Westerende-Kirchloog, Tel.: 04941/10840.

Tretbootfahren/Rudern/Paddeln

Auf dem „Ihler Meer" kann man wunderschön Tretbootfahren. Einen Bootshafen mit Bootsverleih finden Sie in Ihlowerfehn und am Ems-Jade-Kanal im Ortsteil Westerende-Kirchloog. Individuelle Kanutouren bietet die Firma Kanu-Tours (Tel.: 04945/1891) an. Beliebt sind auch kombinierte Touren per Fahrrad und Kanu unter dem Motto „mit Paddel und Pedal". Informationen erteilt der Heimat- und Verkehrsverein Ihlow.

Kanalfahrt

Das Fahrgastschiff der Ihlower Personenschiffahrt mit dem Namen MS „Marion" lädt zu einer idyllischen Kanalfahrt ein. Info-Tel.: 04945/91920.

Tagesprogramme

Das „Ihlower Boßeldiplom" und das „Ostfriesische Tee-o-logie-Zeugnis" werden vom Heimat- und Verkehrsverein Ihlow angeboten.

Planwagenfahrt

Ruhe und Entspannung verbunden mit einem Hauch Nostalgie – das verspricht eine Fahrt mit Pferd und Wagen. Info-Tel.: 04941/64982 oder 04928/797.

Reiten

Der Pferdesportverein Ihlow e.V., der im Ortsteil Bangstede eine Reithalle und einen Reitplatz am „Donkenschen Gehölz" betreibt, vermittelt gern einige unvergeßliche Stunden „hoch zu Roß". Info-Tel.: 04928/ 349. Die Möglichkeit zu einem gemütlichen Ausritt besteht beim Pferdehof Huismann, Wieke 1, Ihlowerfehn, Tel.: 04929/ 912910.

Feste und Veranstaltungen

Fuchsienschau

Deutschlands größte Fuchsienschau ist einmal im Jahr in der Gärtnerei Kuhlmann in Ihlowerfehn zu bewundern. Info-Tel.: 04929/ 401.

Oldtimer-Treffen

In Ihlowerfehn treffen sich einmal im Jahr Freunde historischer Fahrzeuge aller Art.

Festivitäten

Im September jeden Jahres ist die Ortsdurchfahrt von Riepe Schauplatz eines bunten Straßenfestes. Ebenso lustig geht es auf den Dorffesten in Ludwigsdorf und Westerende-Kirchloog zu. Die Schützenvereine in Neu-Barstede, Ostersander und Riepe laden einmal jährlich zum legendären Schützenfest ein.

Jever

(Landkreis Friesland, Kreisstadt)

Fräulein-Maria-Denkmal

Die Stadt Jever liegt im nordwestlichen Winkel Niedersachsens auf einer rundlichen Anhöhe in der flachen wangerländischen Marsch. Die Anhöhe ist ein Geschenk der Eiszeit und war schon zur deichlosen Zeit eine Stätte der Sicherheit. Jever kann auf eine fast 1000jährige Geschichte zurückblicken. Unter der Herrschaft der letzten Häuptlingstochter Fräulein Maria wurde Jever 1536 das Stadtrecht verliehen. Der Häuptling Siebet Attena erbaute im Jahre 1461 das Wittmunder Schloß, das er durch Wallanlagen und Schloßgräben sicherte. In den Folgejahren gab es verschiedene Versuche, das Schloß zu erobern. Zu den Eroberern gehörte unter anderem der Jeveraner Bojng von Oldersum, der Bräutigam von Fräulein Maria von Jever. Während der Belagerung des Wittmunder Schlosses fiel Bojng durch eine Kugel der Verteidiger. Als Maria diese Nachricht erhielt, soll sie sich der Sage nach durch einen unterirdischen Gang auf den Weg nach Wittmund gemacht haben, wo sie bis heute nicht angekommen ist. Seit dieser Zeit läuten abends um 21.00 Uhr (im Sommer 22.00 Uhr) in Jever und Wittmund die Kirchenglocken, um Fräulein Maria den Rückweg zu weisen. **Information:** Verkehrsbüro Jever, Alter Markt 18, Tel.: 04461/71010 oder Stadtverwaltung Jever, Am Kirchplatz 11, Tel.: 04461/939-0.

Stadtführung

Termine können auf Anfrage im Verkehrsbüro vereinbart werden. Wenn Sie lieber auf eigene Faust losziehen möchten, können Sie dem Kiebitzsymbol folgend die Stadt erkunden.

Sehenswertes

Rathaus am Kirchplatz

Stattliche 12 Meter über NN erhebt sich der Kirchplatz mit dem Renaissance-Rathaus aus den Jahren 1609-1621. Besonders sehenswert ist der Graf-Anton-Günther-Saal mit seiner Wandtäfelung und dem Kamin.

Ratspütt

Gegenüber vom Rathaus steht die auf das Jahr 1821 datierte Ratspütt (Pütten sind ehemals öffentliche Brunnen). Die Ratspütt und alle anderen Jeveraner Pütten kommen einmal im Jahr zum „Püttbierfest" zu Ehren.

Schloß

Das Schloß aus dem 15. bis 16. Jahrhundert beherbergt heute ein kulturhistorisches Museum. Besonders sehenswert ist die Kassettendecke im Audienzsaal. Der umliegende Schloßpark lädt zu romantischen Spaziergängen ein. Öffnungszeiten des Museums:

Schloß Jever

Di-So 10.00-18.00 Uhr, in den Monaten Juli und August auch Mo 10.00-18.00 Uhr, von Mitte Januar bis Ende Februar bleibt das Museum geschlossen.

Altstadt

Nicht versäumen sollten Sie einen Besuch der historischen Altstadt mit ihren Bürgerhäusern und dem Alten Markt. Besonders sehenswert ist das Amtsgerichtsgebäude in der Schloßstraße aus dem Jahre 1703, dessen Umbau im Jahre 1998 fertiggestellt wurde.

Denkmäler

Im Choranbau der Stadtkirche befindet sich das Edo-Wiemken-Denkmal, das aus den Jahren 1561-1564 stammt. Es wurde zu Eh-

Im Schloßmuseum Jever (oben); Fußgängerzone in der Altstadt von Jever (unten)

ren des letzten männlichen Regenten des Jeverlandes, Edo Wiemken d. J., errichtet. Sehenswert sind auch das Fräulein-Marien-Denkmal, das anläßlich ihres 400. Geburtstages im Jahre 1900 errichtet wurde, das Schlosser-Denkmal aus dem Jahre 1877 zur Erinnerung an den in Jever geborenen Historiker Friedrich Christoph Schlosser und das Mitscherlich-Denkmal, ein Gedenkstein, der an den Chemiker, Arzt und Erfinder Eilhard Mitscherlich erinnert.

Blaufärberei

Die Blaufärberei ist eine der letzten Museumswerkstätten, in denen das traditionelle Handwerk des Blaufärbens praktiziert wird. Es handelt sich um Handdruck auf Baumwoll- und Leinenstoffen mit Mustern aus alten Färbereien Ostfrieslands und des Olden-burger Landes sowie Färbung in der Indigo-Küpe. Die Besichtigung der Blaufärberei am Kattrepel 3 zählt zu den interessantesten Eindrücken der Stadt. Öffnungszeiten: Mo-Fr 10.00-12.00 Uhr und 14.00-17.00 Uhr, Sa 10.00-12.00 Uhr. Tel.: 04461/71388.

Brunnen

Vier sehenswerte Brunnen laden zum Verweilen ein: der Kiebitzbrunnen an der Schlachtstraße, der Hopfenbrunnen am Hopfenzaun, der Brillenbrunnen im „Klönhoff" und der Sagenbrunnen auf dem Alten Markt. Letzterer erinnert an fünf sagenumwobene Geschichten: Horand der Sänger, Maria von Jever, Graf Anton Günther von Oldenburg, der Scheeper Hase und das Hexenschiff.

Die Schlachtmühle in Jever

Der Sagenbrunnen in Jever

Der dreistöckige Gallerieholländer in Hinte

Klappbrücke im Ortsteil Ihlowerfehn (oben); Kirche in Riepe, Ihlow (unten)

Ansicht von Jever mit Kirche und Gärtürmen der Brauerei (oben); im Brauereimuseum Jever (unten)

Glockenspiel

Das Glockenspiel am „Hof von Oldenburg" erklingt täglich um 11.00, 12.00, 15.00, 16.00, 17.00 und 18.00 Uhr. Ein Schaukasten in unmittelbarer Nähe erläutert die Geschichte der fünf historischen Figuren, die während des Spiels hervortreten.

Landwirtschaftsmuseum/ Schlachtmühle

Die Schlachtmühle ist ein Galerieholländer, in dem heute ein Landwirtschaftsmuseum untergebracht ist. Öffnungszeiten: Ostern bis 15. Oktober, Di-Sa 10.00-13.00 Uhr und 15.00-17.00 Uhr, So 11.00-13.00 Uhr und 15.00-17.00 Uhr.

Brauhaus/Brauereimuseum

Die 32 Meter hohen Türme des Brauhauses prägen das Stadtbild Jevers mit futuristischem Glanz aus verspiegeltem Glas. Der Brauerei ist ein Brauereimuseum angegliedert. Ein Besuch ist allerdings nur mit Führung möglich. Tel.: 04461/13711.

Freizeitangebote

Angeln

Angelmöglichkeiten bestehen in den umliegenden Gewässern. Nähere Informationen erteilt der Sportfischerverein, Nelkenweg 7, Tel.: 04461/5324.

Schwimmen

Im Sport- und Freizeitzentrum befindet sich ein solarbeheiztes Freibad (Tel.: 04461/ 6260). Adresse des Sport- und Freizeitzentrums: Jahnstraße 3, Tel.: 04461/5183.

Gesundheitspflege

In der Schlosserstraße 34 befinden sich das Sport- und Gesundheitszentrum, Kurbad und Sauna. Info-Tel.: 04461/2747.

Kutschfahrten

Kutschfahrten sind auf Anfrage unter folgender Telefonnummer möglich: 04461/4347 (Jever-Moorwarfen) oder 82944 (Schortens).

Reiten

Pferdeliebhabern stehen zwei Reithallen zur Verfügung: Reithalle Rahrdum, Langelandstraße 12, Tel.: 04461/3557; Reithalle Nobiskrug, Sandelmöns, Tel.: 04468/525.

Wandern/Radfahren

Zahlreiche Rad- und Wanderwege, die sich durch Jever und das Jeverland ziehen, laden zu einer „Entdeckungstour" ein. Wer lieber zu Fuß unterwegs ist, der kann dem Kiebitzsymbol folgend die Stadt erkunden oder einen Spaziergang durch den romantischen Schloßpark unternehmen. Reizvoll ist außerdem ein Besuch der alten Graften (alte Stadtgräben), die in Grünanlagen mit jahrhundertealtem Baumbestand eingebettet sind. Zu unterscheiden sind die Duhms- und Pferdegraft am Elisabethufer, die Blankgraft zwischen dem Johann-Ahlers-Haus und dem Jeverschen Wochenblatt, die Schloßgraft rund um das Schloß und die Prinzengraft beim Kreisamtsgebäude. In den Sommermonaten werden geführte Touren angeboten. Die Termine sind im Veranstaltungskalender oder

Die Pferdegraft in Jever

chenkonzerte auf dem Programm. Nähere Informationen, auch zum Theaterprogramm, sind im Kulturamt Jever, Am Kirchplatz 11, Tel.: 04461/939107 erhältlich.

Märkte

Die Märkte haben eine lange Tradition. Der Kiewittmarkt, dessen Ursprung auf die Legezeit des Kiebitzes zurück geht, findet alljährlich am Wochenende vor Ostern statt. Ebenso interessant ist das Treiben auf dem Brüllmarkt, ein großer Vieh- und Landwirtschaftsmarkt, am zweiten Sonntag im Oktober. Wer im Dezember nach Jever kommt, sollte sich von der glanzvollen Stimmung des Weihnachtsmarktes bezaubern lassen.

Altstadtfest

Zu den festlichen Höhepunkten zählt das am zweiten Wochenende im August stattfindende Altstadtfest.

am Aushang im Verkehrsbüro ersichtlich. Im Sport- und Freizeitzentrum gibt es einen Trimmpfad für Jogger.

Fahrradverleih

Adressen: Große Wasserpfortstraße 14, Tel.: 04461/73598 und St.-Annenstraße, Tel.: 04461/72739.

Feste und Veranstaltungen

Kulturelles

Im Sommer finden Schloßkonzerte, Jazzkonzerte im Schloßhof und Orgelstunden in der Stadtkirche statt, im Herbst stehen Kir-

Juist
(Landkreis Aurich)

Die „schönste Sandbank der Welt" ist 17 Kilometer lang und nur ein paar hundert Meter breit. Sie ist lediglich sieben Kilometer vom Festland entfernt, und doch beginnt hier eine andere Welt. Ein alter Seemannsreim nennt Juist Töwerland – das heißt Zauberland. Doch die Zeiten waren nicht nur ruhig und sanft, sondern auch wild und stürmisch. „Dar wahnt keen Minsch, de morgen noch leewt", sagte man nach der schweren Petriflut, die 1651 die Insel zerteilte. Doch die Geschichte der Ostfriesen war nicht nur geprägt durch den Kampf mit den Naturgewalten, sondern auch durch unerbittliche Freiheitskriege. Das bekamen schon die alten Römer und die gefürchteten Wikinger zu spüren. Lebendiges Wahrzeichen der autofreien Insel sind die Pferde. Man sagt, Pferde gehören zu Juist wie der Wind zu den Wolken. Schon Henricus Ubbicus erwähnte im Jahre 1530 die Juister Wildpferderasse, „die sich nur von den Kräutern oben an den höchsten Dünenkuppen unter freiestem Himmel nährt". Heute ist Juist staatlich anerkanntes Nordseeheilbad und damit Kurort. **Information:** Kurverwaltung Juist, Postfach 1464, 26560 Juist, Tel.: 04935/8090, Fax: 04935/809223.

Führungen

Das Nationalpark-Haus (Tel.: 04935/1595) und Mitarbeiter der Außenstelle des Niedersächsischen Landesbetrieb für Wasserwirtschaft und Küstenschutz (NLWK, Tel.: 04935/615) bieten naturkundliche Führungen an. Besonders zu empfehlen ist außerdem die Teilnahme an einer Wattwanderung (Tel.: 04935/91140). Im August und September werden in unregelmäßigen Abständen Fahrten zur Vogelschutzinsel Memmert angeboten. Dort empfängt Sie der Inselvogt zu einer Führung über die Insel und zum Memmerthaus, wo eine kleine, lehrreiche Ausstellung präsentiert wird. Information: Reisebüro Kiesendahl, Strandstr. 2, Tel.: 04935/914080.

Sehenswertes

Küstenmuseum

Im Küstenmuseum öffnen Symbole, Modelle, Gerätschaften und Reliefs den Blick in das frühere Leben auf Juist. Hier erfahren Sie vieles über die bewegte Inselgeschichte, über die Geomorphologie der südlichen Nordsee, über die Friesische Warfenkultur, über Sturmfluten, den Deichbau und den lebensnotwendigen Küstenschutz. Außerdem informiert das Museum über Meerestiere, Seevögel, Inselpflanzen, Schiffahrt, Fischerei und Seezeichen. Sie erfahren von Menschen in Seenot, von Strandungen und Rettungswesen sowie von Erdöl- und Gasbohrungen. In der angeschlossenen Kunstausstellung finden zudem jährlich wechselnde Ausstellungen bekannter Künstler und Kunsthandwerker statt. Adresse: Loogster Pad 21, Tel.: 04935/1488.

Freizeitangebote

Wandern/Radfahren

Eine Wanderung könnte Sie beispielsweise um den Hammersee, durch das Dünengebiet im Westen der Insel, zur Domäne Bill, zum Billriff oder vorbei am Goldfischteich über die Wilhelmshöhe zum Flugplatz und weiter zum Ostteil der Insel oder einfach am Strand entlang führen. Übrigens: Es gibt beinahe an jeder Ecke einen Fahrradverleih.

Angeln

Angeln ist in den Küstengewässern erlaubt, am Badestrand hingegen verboten. Ein besonderes Erlebnis ist Angeln im Wattenmeer oder Brandungsangeln in der Nordsee. Information: G. Noormann, Tel.: 04935/91800.

Tennis

Fünf gelenkschonende Kunstrasenplätze sowie eine moderne Zweifeldhalle laden zum Tennis ein. Gruppen- und Einzelunterricht, Schläger- und Schuhverleih stehen zur Verfügung. Information: Tennisschule Laux, Tel.: 04935/528, Fax: 04935/588.

Schwimmen/Saunieren

Auf Juist locken 17 Kilometer lange Sandstrände mit bewachten Badezonen zwischen Wilhelmshöhe und Loog. Von Mai bis September werden die Strandabschnitte in der Höhe des Ortszentrums und im Loog von Rettungsschwimmern überwacht. Strandkörbe kann man direkt am Badestrand mieten. Eine Vorbestellung ist nicht nötig. Wenn es stürmt, regnet oder schneit, müssen Sie natürlich nicht auf das Badevergnügen verzichten. Besuchen Sie doch einmal das Meerwasser-Erlebnisbad auf der Düne. Hier schwimmen Sie in original Nordseewasser aus eigenem Meerwasserbrunnen. Außerdem erwarten Sie Sauna, Solarien und Dampfsauna.

Schiffsfahrten

Was ist naheliegender als von einer Insel zu einer Schiffsfahrt aufzubrechen? Folgende Ziele sind von Juist aus leicht zu „erschiffen": Norderney, Borkum, Baltrum, das Fischerdorf Greetsiel, Memmert, Seehundsbänke, Helgoland und als besonderes Angebot: der Krabbenfang. Besonders empfehlenswert ist eine Kutterfahrt zur Vogel- und Naturschutzinsel Memmert. Die Fahrten finden grundsätzlich erst nach der Brutzeit im August und September statt. Die genauen Termine ergeben sich durch Tide und Wetter kurzfristig. Information: Reisebüro Kiesendahl, Strandstr. 2, Tel.: 04935/914080.

Surfen/Segeln/Bootsfahrten

Informationen über Ausbildung, Segeltörns und Bootsverleih: R. Saathoff, Dünenstr. 10, Tel.: 04935/286, Mob.: 0171/8101517. Im Juli und August können Sie auf dem Wattenmeer Windsurfen lernen. Auskunft: Nordseehotel Freese, Tel.: 04935/801-0.

Programme/Seminare

Die Kurverwaltung bietet verschiedene Programme und Seminare an. Besonders empfehlenswert sind beispielsweise die Zeichen-, Bastel- und Aquarellkurse sowie die Seminare zum Thema Gesundheit (Info-Tel.: 04935/809-203). In der Hauptsaison wird zudem ein spezielles Kinderprogramm angeboten. Sollte es einmal regnen, gibt es in den Gästeeinrichtungen (Haus des Gastes und Haus des Kurgastes; Adresse: Loog, Hammerseestr.13) eigene Kinder- und Jugendräume.

Rundflüge

Einmal die Perspektive wechseln und die Insel aus der Sicht eines Vogels sehen – das ist wohl der Reiz eines Rundflugs über Juist. Information: Reisebüro Kiesendahl, Strandstr. 2, Tel.: 04935/914080.

Kutschfahrten/Reiten

Genießen Sie doch einmal eine Kutschfahrt am Strand oder um die Billspitze. Toll sind auch die Kinderüberraschungsfahrten mit dem Pony-Expreß. Wer möchte, kann natürlich einen Ausritt wagen. Information: Reisebüro Kiesendahl, Strandstr.2, Tel.: 04935/914080.

Feste und Veranstaltungen

Kulturelles

Das beliebte Kurorchester unter der Leitung von Laszlo Tary bietet Ihnen vom 1. Juni bis

Ende September im Musikpavillon auf dem Kurplatz und im Haus des Kurgastes ein abwechslungsreiches Programm gehobener Unterhaltungs- und Klassikmusik. Wer sich besonders für Kirchenkonzerte interessiert, kann sich bei den Kirchengemeinden der Insel informieren. Adressen: Evangelisch-lutherische Kirchengemeinde, Wilhelmstr. 42, Tel.: 04935/ 910910; Katholische Kirchengemeinde, Dünenstr. 16, Tel.: 04935/309. Zusätzlich angeboten werden Dia- und Filmvorträge, Theateraufführungen sowie Lesungen und Sondergastspiele.

Krummhörn
(Landkreis Aurich)

Zu den charakteristischen Merkmalen der Krummhörn zählen die vielen romantischen und idyllischen Dörfer. Daß die Orte z.T. aus einer längst vergangenen Zeit stammen, in der man noch keine Deiche kannte, beweisen die vielerorts vorhandenen Warfen, die die Häuser und Kirchen der Küstenbewohner vor Sturmfluten schützen sollten. Besonderer Beliebtheit erfreut sich heute das Fischerdorf Greetsiel mit seinen alten Giebelhäusern, kleinen Gassen und dem romantischen Hafen. **Information:** Touristik GmbH Krummhörn-Greetsiel, Zur Hauener Hooge 15, Tel.: 04926/9188-0.

Ortsführungen

Angeboten werden fachkundige Ortsführungen durch Greetsiel, Rysum und Groothusen sowie geführte Bus- und Radtouren. Informationen sind bei der Tourist-Information oder bei der Gästeführergilde (Ant Judendobbe 4, Rysum, Tel.: 04927/219) erhältlich.

Sehenswertes

Kunstausstellungen

Gemäldeausstellungen befinden sich in der ersten Greetsieler Mühle, im Bäckereimuseum „Poppinga's Alte Bäckerei" und in der Mühle Uttum. In unregelmäßigen Abständen finden auch in der „Manningaburg", im Hotel „Zur Post" (Pewsum) und in der Rysumer Mühle Ausstellungen statt. Näheres ist im Veranstaltungskalender ersichtlich. Adressen: Greetsieler Mühle, Mühlenstraße 1, Krummhörn; Bäckereimuseum „Poppinga's Alte Bäckerei", Sielstraße 21, Greetsiel.

Kirchenorgeln

Besonders sehenswert ist die älteste spielbare Kirchenorgel Europas in Rysum. Sie steht stellvertretend für die vielen historischen Orgeln, die in Ostfriesland noch erhalten sind.

Mühlen/Mühlenmuseum

Die Greetsieler Zwillingsmühlen sind das Wahrzeichen Greetsiels und der Krummhörn. Sie befinden sich in der Mühlenstraße in Greetsiel. In der Rysumer Mühle, in der noch Korn gemahlen wird, finden von Mai bis September ab 15.00 Uhr Führungen statt. Information: Interessengemeinschaft Rysum e.V., Tel.: 04927/424. Wer mehr über Windmühlen erfahren möchte, sollte dem Mühlenmuseum in Pewsum einen Besuch abstatten. Es befindet sich in einer historischen Mühle aus dem Jahre 1843, vermittelt ländliches Handwerk und informiert über Landwirtschaft, Hauswirtschaft, Deichbau und Entwässerung. Die Mühle kann bis unter die Mühlenkappe besichtigt werden. Der Besucher erlebt „gehendes Werk" und einen herrlichen Rundblick über die Krummhörn. Lage: Manningastraße. Öffnungszeiten: Di und Do 15.00-17.00 Uhr, Sa und So 15.30-17.30 Uhr. Führungen können bei Herrn Fröhlich vom Heimatverein Krummhörn, Tel.: 04923/1828, angemeldet werden.

Bäckereimuseum/Teezeremonie

Das Bäckerei-Museum „Poppinga's Alte Bäckerei" in Greetsiel vermittelt einen Hauch der Wohn- und Gewerbekultur früherer Zeiten. Bei einer ostfriesischen Teezeremonie kann man sich in vergangene Zeiten zurückversetzen lassen. Adresse: Sielstraße 21, Greetsiel; Öffnungszeiten: ganztägig.

Buddelschiffmuseum

Das Greetsieler Buddelschiffmuseum befindet sich in der Mühlenstraße 23, Tel.: 04926/786 und 9185-0. Über 500 Buddelschiffe werden auf ca. 110 Quadratmetern Ausstellungsfläche präsentiert. In der Saison ist das Museum täglich von 10.00-18.00 Uhr geöffnet.

Landwirtschaftsmuseum Campen

Den baulichen Mittelpunkt des Museums bilden die beiden am Rand des alten Warfendorfes Campen gelegenen Höfe Heikens und Ohling, die in ihrer Bauweise dem alten Typ eines ostfriesischen Gutshofes entsprechen. Ergänzt werden die historischen Bauten durch eine neu errichtete Remise. In den drei Gebäuden mit einer Ausstellungsfläche von 2300 Quadratmetern sind rund 500 alte landwirtschaftliche Geräte ausgestellt. Info-Tel.: 04927/1282. Alle drei Museen sind von Mai bis Oktober geöffnet.

Schon von weitem grüßt der Pilsumer Leuchtturm, der nach dem Kinofilm von Ulknudel Otto Waalkes auch „Otto-Turm" genannt wird.

Naturkundliche Ausstellung

Das Nationalpark-Haus in Greetsiel, Schatthauser Weg, zeigt eine Ausstellung über Flora und Fauna im Küstenbereich. Geöffnet ist das Haus vom 1. April bis zum 31. Oktober.

Burgen/Burgmuseum

Sehenswert sind die „Osterburg" in Groothusen und die „Manningaburg" in Pewsum, eine Wasserburg aus dem 15./16. Jahrhundert. Hier wird unter dem Motto „Vom Turmhaus zur Landesfestung" eine Übersicht über die Häuptlingssitze und Burgstellen in Ostfriesland gegeben. Die „Manningaburg" befindet sich direkt am Pewsumer Marktplatz. Führungen können bei Herrn Fröhlich vom Heimatverein Krummhörn, Tel.: 04923/1828, angemeldet werden.

Leuchttürme

Von der 65 Meter hohen Dreibeinkonstruktion des Campener Leuchtturms besteht die Möglichkeit, die unglaubliche Weite der Krummhörn zu übersehen und den beeindruckenden Charakter dieser Landschaft zu erleben. Information: Tourist-Information oder Info-Tel.: 04927/414. Ebenfalls sehenswert ist der rot-gelb gestreifte Pilsumer Leuchtturm, der durch den Emder Komiker Otto Walkes berühmt geworden ist. Der „Otto-Turm" befindet sich am Pilsumer Deich und ist nur zu Fuß oder per Fahrrad über den Hamswester Weg bzw. die Deichverteidigungsstraße zu erreichen.

Gulfhof

Krummhörn hat 1999 ein europaweit einmaliges Projekt in Betrieb genommen, bei dem in Loquard ein im Jahre 1835 erbauter Gulfhof zu einer Grundschule umgebaut wurde. Das Gebäude ist in hohem Maße ortsbildprägend und wurde mit viel Aufwand unter dem Motto „Junges Leben in alten Mauern" nachhaltig einer neuen Nutzung zugeführt. Das Gebäude kann nach Rücksprache mit der Krummhörner Gemeindeverwaltung, Tel.: 04923/916-0, besichtigt werden.

Freizeitangebote

Angeln

In Krummhörn kann man im Süß- und Salzwasser angeln. Die Fangmethoden sind sehr vielfältig: Stippangeln, Raubfisch- und Friedfischangeln, Grundangeln auf Aal, Spinnfischen, Hochsee- und Windangeln. Für das Grimmsumser Gebiet ist die Gemeinde Krummhörn, Tel. 04920/467, zuständig. Angeln ist außerdem in Privatteichen beim „Dyksterkrug" in Pilsum möglich. Information: Karkstraat 2, Tel. 04926/1319. Entlang des Nationalparks Niedersächsisches Wattenmeer darf in der „Zwischenzone" und in den ausgewiesenen Bereichen der Ruhezone geangelt werden. Gästekarten sind in Schoofs Mühlencafe (12.30-18.30 Uhr) erhältlich. Information: Fischereiverein Greetsiel und Bezirksfischereiverband Ostfriesland (Adresse: An der Verbindungsschleuse, Emden, Tel. 04921/25575).

Wandern/Radfahren

Ostfriesland besitzt mit über 3000 Kilometern beschilderten Radwegen eines der größten Radwegenetze Europas. Organisierte Fahrradtouren sind im Veranstaltungskalender aufgeführt. Wer lieber alleine aufbricht, kann bei der Tourist-Information die Wanderkarte „Ferienland Ostfriesland – Rad up Pad" anfordern. Aber nicht nur Radfahrer, sondern auch Wanderer kommen voll auf ihre Kosten. Besonders reizvoll ist die 20 Kilometer lange Deichstrecke von Rysum nach Greetsiel. Geprüfte Wattführer und Mitarbeiter des Nationalpark-Hauses bieten außerdem unvergeßliche Natur-Erlebnis-Führungen an. Information: Nationalparkhaus Greetsiel, Tel.: 04926/2041.

Kutschfahrten/Planwagenfahrten

Da die Zeiten der Fahrten je nach Witterung wechseln, sind die aktuellen Termine kurzfristig bei der Tourist-Information zu erfragen.

Reiten

Adressen: Pferdesportverein Krummhörn e.V., „Reitstall A"; Ferienhof am Siel, Uiterstewehr, Tel.: 04926/1404; Ponyhof in Leybuchtpolder, Tel.: 04926/556.

Schwimmen

Schwimmen kann man in der Gesundheitsoase in Greetsiel (Tel.: 04926/990066) und im Udo-Solick-Bad in Pewsum (Sportzentrum Krummhörn, Bunter Weg). Die Nordsee ist am besten in Pilsum und Upleward zu erreichen. In Upleward plant die Touristik GmbH für das Jahr 2000 den ersten Trockenstrand Deutschlands, eine künstlich aufgeschüttete Strandlandschaft an der landinneren Seite des Deiches.

Boßeln

Gäste, die den ostfriesischen Volkssport und die Spielregeln kennenlernen möchten, können sich dem Pilsumer Boßelverein anschließen, der jeden Sonntag um 9.00 Uhr ab „Dieksiel", Pilsum, die Boßelkugel ins Rollen bringt.

Paddeln/Bootsverleih

Ruderboote, Tretboote, Kajaks, Einer, Zweier und Kanus werden an der Anlegestelle in Greetsiel (in der Nähe der Mühlen) verliehen.

Schiffsfahrten

In den Sommermonaten finden Fahrten von Greetsiel nach Norderney, Juist, Borkum, nach Delfzijl/Holland und in „See" statt. Außerdem finden ganzjährig Fahrten von Norddeich nach Norderney und Juist, von Emden nach Borkum und von Neßmersiel nach Baltrum statt. Information: Büro der Tourist-GmbH Krummhörn-Greetsiel in Greetsiel.

Fahrt mit der Pünte

Die originelle Pünte in Loquard/Bartshausen kann ganztägig von eigener Hand bedient und zur Überquerung des Knockster Tiefs genutzt werden. Befördert werden können nur Fußgänger und Fahrradfahrer.

Malkurse

In „Ulla's Malgarten am Deich" finden während der Saison Kurzmalkurse statt. Info-Tel.: 04926/990034.

Feste und Veranstaltungen

Kulturelles

Besonders lohnend ist ein Besuch der Krummhörner Kulturtage, bei denen sich jedes Jahr am Ostermontag im „Haus der Begegnung" Künstler einfinden, um über Kunst und Kultur zu diskutieren. Zusätzliche Rahmenveranstaltungen ergänzen das Programm. Ebenfalls empfehlenswert ist die Greetsieler Woche, eine jährlich stattfindende Kunstausstellung, in der die ortsansässigen Künstler ihre Werke der Öffentlichkeit präsentieren.

Schlickschlitten-Rennen

Früher fuhren die Fischer mit traditionellen Schlickschlitten zu den Stellnetzen. Heute gibt es nur noch einige Hobbyfischer und das jährliche Schlickschlitten-Rennen beim Deicharbeiter-Denkmal in Pilsum/Dieksiel, die diese Tradition aufrechterhalten.

Shanty-Chor

Aus dem Yachtclub Greetsiel hat sich ein Shanty-Chor mit 23 aktiven Seglern zusammengetan. Der Chor mit dem Namen „De Freebeuters" tritt im „Haus der Begegnung" auf.

Turmblasen

Alljährlich am Pfingstsonntag zieht es mehrere hundert Besucher nach Pilsum. Hier veranstaltet der ortsansässige Posaunenchor sein traditionelles Turmblasen vom 40 Meter hohen Vierungsturm der Pilsumer Kreuzkirche.

Der Veranstaltungskalender „Krummhörner-Kurier" gibt aktuelle Informationen und Termine bekannt.

Langeoog
(Landkreis Wittmund)

Wahrzeichen von Langeoog: der Wasserturm

Langeoog ist eine der sieben ostfriesischen Inseln, die der norddeutschen Küste vorgelagert sind. Die autofreie Insel ist seit 1949 staatlich anerkanntes Nordseeheilbad. Langeoog hat eine Fläche von 19,6 Quadratkilometern mit einem 14 Kilometer langen, natürlichen Sandstrand, einem Wäldchen und einer weiten Wiesen- und Dünenlandschaft. Erstmals urkundlich erwähnt wurde die Insel im Jahre 1398 unter dem Namen „Langeoch". Im Jahre 1717 wurde Langeoog von einer schweren Sturmflut heimgesucht. Die sogenannte Weihnachtsflut riß die Insel in zwei Teile. Seit Mitte des 19. Jahrhunderts zog Langeoog immer mehr Badegäste an. Im Jahre 1908 wurde schließlich ein Kurmittelhaus errichtet. Immer wieder mußten sich die Bewohner Langeoogs gegen die Naturgewalten behaupten. So zerstörte die Oktoberflut 1936 die Strandhalle und die Landungsbrücke. Im Jahr 1937 wurde eine motorisierte Inselbahn in Betrieb genommen, die die alte Pferdebahn ablöste. 1995 wurden zwei von fünf Loks und zwei weitere nostalgische Züge auf die Insel gebracht. Auch heute noch zieht Langeoog zahlreiche Besucher in seinen Bann. Das maritime Reizklima, die gesunde jodhaltige Seeluft und die naturbelassene Landschaft lassen einen Aufenthalt auf Langeoog zur Erholung werden. **Information:** Kurverwaltung Langeoog, Tel.: 04972/693-0, Fax: 04972/693-116, Zimmernachweis: Tel.: 04972/693-201, Fax: -205.

Sehenswertes

Immer wieder Interessantes zu entdecken gibt es im „Seemannshus" (Museum des Heimatverein Langeoog e.V., Caspar-Döring-Pad/Mittelstraße) und im Schiffahrtsmuseum mit Seewasser-Aquarium (im „Haus der Insel"). Das Schiffahrtsmuseum ist eines der größten in ganz Deutschland. Öffnungszeiten des Schiffahrtsmuseums: März bis Oktober und in den Weihnachtsferien Mo-Fr 10.00-12.00 und 15.00-17.00 Uhr, Sa 10.00-12.00 Uhr, Tel.: 04972/693-211; Öffnungszeiten des Heimatmuseums „Seemannshus": März bis Oktober Mi und Fr 15.30-17.30 Uhr, So10.00-12.00 Uhr, Tel.: 04972/861. Auch ein Besuch des Wasserturms lohnt sich. Der Turm datiert auf die Jahre 1908/09 und ist heute das Wahrzeichen der Insel. In 23 Metern Höhe befindet sich eine Aussichtsplattform, die einen Rundblick über die Insel, zur Schiffahrtslinie und zum Festland bietet. Im Eingangsbereich befindet sich die Ausstellung des Oldenburgisch-Ostfriesischen Wasserverbandes „Trinkwasser für Langeoog".

Freizeitangebote

Wandern

Langeoog liegt im „Nationalpark Niedersächsisches Wattenmeer". Von den ausgewiesenen Wanderwegen kann man selten gewordene Pflanzen und Tiere beobachten. Besonders interessant ist die Teilnahme an einer geführten Wattwanderung oder einer natur- und vogelkundlichen Führung. Info-Tel. für Wattwanderungen: 04972/6276; Info-Tel. für naturkundliche Wanderungen: 04972/428. Die natur- und vogelkundliche Wanderung beginnt jeden Mittwoch um 9.30 Uhr (März bis Oktober), Treffpunkt: Störtebekerstraße/Am Wald (Schild). Eine weitere Anlaufstelle für natur- und vogelkundlich interessierte Besucher ist die Außenstelle des Niedersächsischen Landesbetrieb für Wasserwirtschaft und Küstenschutz (NLWK, Tel.: 04972/6428). Übrigens: Die Dünen fungieren als Schutzwall vor Sturmfluten.

Übergang zum Strand von Langeoog

Durch Trampelpfade wird die Vegetation zerstört und Wind und Wetter können die ungeschützten Dünen angreifen. Es wird deshalb darum gebeten, die Randdünen nicht zu betreten.

Angeln

Angeln ist auf Langeoog am Teich des Sportfischerverein Langeoog e.V. möglich. Der Sportfischerverein gibt nach Vorlage des Deutschen Fischereischeins Gastkarten aus. Information: W. Bollenberg, Tel.: 04972/288.

Reiten

Neben Ausritten ums Wäldchen und zum Strand werden auch Unterrichtsstunden für

Schwimmen

Im Sommer schwimmt man am schönsten im Meer. Ausgebildete DLRG-Rettungsschwimmer sorgen für Ihre Sicherheit. Die Badezeiten können Sie dem Badekalender, erhältlich in allen Einrichtungen der Kurverwaltung, oder dem Aushang am Hauptbad und an jedem Rettungsturm entnehmen. Damit Sie bei jedem Wetter und zu jeder Jahreszeit in Nordseewasser und -wellen baden können, gibt es ein Meerwasser-Hallenbrandungsbad im Kurzentrum. Das Bad befindet sich bis voraussichtlich Juni 2000 im Um- und Neubau. Information: Tel.: 04972/693-240 oder -241.

Segeln/Surfen

Segeln: Neben Schnuppersegeln und Wochentörns besteht die Möglichkeit, folgende Kurse zu absolvieren: Jüngstenschein, BR- und Sportbootführerschein (See und Binnen, staatliche Prüfung). Information: A. Männicke, Tel.: 04972/6699, Fax: 04972/6611. Surfen: Information sind direkt am Surfstrand (östlich des Badestrandes) oder bei B. Wegener (Tel.: 04972/1824) bzw. W. Petersen (Tel.: 04972/6294) erhältlich.

Anfänger und Fortgeschrittene, Voltigieren, Pony-Kutschfahrten, Ponyreiten, Schnupperkurse und Reiterferien angeboten. Information: Reithalle Edzard Kuper, Süderdünenring, Tel.: 04972/6269; Reiter- und Ponyhof Wiek, Schniederdamm 8, Tel.: 04972/725.

Kutschfahrten

Wenn Sie an einer Kutschfahrt teilnehmen möchten, können Sie sich an folgende Adressen wenden: R. Vogel, Schniederdamm 20, Tel.: 04972/6029; O. Eser, Willrath-Dreesen-Str.13a, Tel.: 04972/6285; J.-M. Janssen, Jakob-Pauls-Weg 3a, Tel.: 04972/1243; E. Kuper, Süderdünenring, Tel.: 04972/6269.

Tauchen

Information: Tauchschule COOL DIVING, K. Lauerwald, Tel.: 04972/6086 oder 693-241.

Sport

Zahlreiche Sportarten und Kurse, wie z.B. Badminton, Beachbasketball, -volleyball, Boccia, Faustball und Gymnastik werden angeboten. Information: Sportpalast am Sportstrand, Strandübergang Hotel Aquan-

Inselbahn Langeoog

tis/Atelier am Meer, geöffnet von Mitte Mai bis Mitte September, Tel.: 04972/990064 oder Sportbüro am „Spöölhus", geöffnet von Mitte September bis Mitte Mai, Tel.: 04972/693-238.

Spielen/Kurse

Die beiden Spielhäuser „Spöölhus" und „Spöölstuv" sind Treffpunkt für die ganze Familie. Im Spöölhus können Kinder mit ihren Eltern auf 600 Quadratmetern Spielfläche toben. Für die Kleinen gibt es eine Krabbelecke und ein Kugelbad. Die größeren Kinder können auf der Empore z.B. Gesellschaftsspiele spielen. In der Spöölstuv bietet das Spielhausteam ein breitgefächertes Angebot an Kreativkursen (auch für Erwachsene) an. Info-Tel.: 04972/693-236 oder -239.

Ausflugsfahrten

Die Schiffahrt der Inselgemeinde Langeoog bietet von März bis Oktober Ausflugsfahrten in See, zu den Nachbarinseln und nach Helgoland (Reederei Frisia) an. Abfahrt: jeweils ab Bahnhof Langeoog. Die Termine können dem Aushang entnommen werden. Info-Tel.: 04972/693-260, Fax: -263.

Feste und Veranstaltungen

Kulturelles

Neben dem Langeooger Shanty-Chor „de Flinthörners", dem Langeoog-Chor „de Likedeeler" und der Theatergruppe „Inselbühne Langeoog", die in der Saison regelmäßig auftreten, wird eine Vielzahl weiterer Veranstaltungen im „Haus der Insel" angeboten: Informationsabende zum Natur- und Inselschutz, Dia-Vorträge, Kleinkunst und Kabarett, Konzerte, Kinderveranstaltungen, Gesundheitsvorträge usw.

Festivitäten

Zu nennen sind an dieser Stelle die alljährlichen traditionellen Feste, wie z.B. das Maibaumstellen, das Pfingstfest, das Dorffest sowie Sport- und Spielfeste für die ganze Familie.

Leer
(Landkreis Leer, Kreisstadt)

Schon weit vor Christi Geburt befanden sich im heutigen Stadtgebiet zahlreiche Siedlungen. Erstmals urkundlich erwähnt wurde Leer in der Lebensgeschichte des Missionars Lindger, ca. 850 n.Chr. Auch wenn Leer erst im Jahre 1823 Stadtrecht erhielt, konnte man den Ort aufgrund seiner Größe und seines urbanen Charakters bereits seit dem Spätmittelalter mit einer Stadt vergleichen. Leer war der Mittelpunkt der alten Landschaften Moormerland, Uplengen, Overledingerland und Rheiderland. Tragendes Haupthandwerk war bis Mitte des 18. Jahrhunderts die Leinenweberei. Die typischen Weberhäuser, zumeist eingeschossige Traufenhäuser ohne Zierformen, prägten das Bild vieler Straßen, wie z.B. der Brummelburg- und der Alten Marktstraße, der Norderkreuz- und der Süderkreuzstraße, der Kirchstraße, dem Westerende und der Kampstraße. Trotz des Niedergangs der Leinenweberei in der zweiten Hälfte des 18. Jahrhunderts setzte ein Aufschwung von Handel und Gewerbe ein, der

ganz wesentlich durch die Lockerung des Emder Stapelzwanges 1765 gefördert wurde. Als Ausdruck des Wohlstandes entstanden zahlreiche Bürgerhäuser, Wohnpackhäuser und Packhäuser, viele davon in klassizistischem Stil. **Information:** Verkehrsbüro Leer, im Rathaus-Neubau (Bürgerbüro), Rathausstraße 1, Tel.: 0491/9782-500 oder Touristik GmbH „Südliches Ostfriesland", Friesenstraße 34/36, Tel.: 0491/66640.

Stadtführungen

Stadtführungen werden in der Saison sonntags um 11.00 Uhr angeboten. Info-Tel.: 0491/9782500. Außerdem ist im Heimatmuseum die Karte „Rundgang durch Leer" erhältlich. Anhand der in der Karte verzeichneten Informationen kann man einen Stadtspaziergang auf eigene Faust unternehmen. Information: Heimatmuseum Leer, Neue Straße 12, Tel.: 0491/2019.

Sehenswertes

Rathaus

Das Rathaus, Wahrzeichen der Stadt, wurde in den Jahren 1889 bis 1894 durch die Familie E. und G. Schuhmacher aus Leer nach Entwürfen von Professor Henrici aus Aachen im deutsch-niederländischen Renaissancestil erbaut. Wer möchte, kann an einer Rathaus-Führung teilnehmen. Die Führungen finden von Mai bis September dienstags um 15.00 Uhr und donnerstags um 11.00 Uhr statt. Info-Tel.: 0491/9782500.

Waage

Das Gebäude wurde im Jahre 1714 im niederländisch beeinflußten norddeutschen Ba-

Die Waage in Leer

rock durch die reformierte Kirchengemeinde erbaut. Auf die ehemalige Funktion des Gebäudes, in dem bis zum Jahre 1946 gewogen wurde, weisen die bekrönten Waagschalen über den korbbogigen Eingängen zum Wiegeraum hin. Heute ist die Waage im Besitz des Heimatvereins. Kenner behaupten, daß dieses Haus zu den schönsten Bauten des Barocks in Ostfriesland gehört. Eine Besichtigung ist leider nur von außen möglich. Adresse: Neue Straße 1.

Amtsgericht

Das Amtsgericht wurde als Herrensitz der Familie Rheden im Stil des norddeutschen Barocks erbaut. Das zur Seite liegende Schatthus, ehemals Wohngebäude des Amtmanns, stammt im Kern aus dem Jahr 1711. Auch hier ist eine Besichtigung nur von außen möglich. Adresse: Wörde 5.

Burgen

Die um 1650 von Oberst Ehrentrieter von Hofrieth erbaute Evenburg wurde in den Jahren 1861/62 im neugotischen Stil umgebaut, im Zweiten Weltkrieg beschädigt und im Jahre 1975 vom Landkreis erworben und restauriert. Zusammen mit der barocken Vorburg von 1765 und der schnurgeraden Allee ist die Evenburg ein beliebtes Ziel für Spaziergänge. Eine Besichtigung ist leider nur von außen möglich. Adresse: Evenburgallee. Ebenfalls nur von außen kann man die um 1570 erbaute und inzwischen mehrfach erweiterte Haneburg betrachten. Sehenswerte Bauformen der Spätrenaissance sind besonders deutlich am Westflügel und am Nordwest-Portal zu erkennen. Seit der umfassenden Renovierung im Jahre 1975 ist die Haneburg Sitz der Volkshochschule. Adresse: Haneburgallee. Eine der ältesten noch erhaltenen Burgen Ostfrieslands ist die um 1480 erbaute Harderwykenburg, die sich auch heute noch in Privatbesitz befindet. Eine Besichtigung ist daher nur von außen möglich. Adresse: Harderwykensteg. Hervorzuheben ist außerdem die 1730 durch Freiherr Philipp von Wedel errichtete Philippsburg. Die Mittelachse der Anlage ist durch eine von steinernen Löwen flankierte Freitreppe, ein mit Wappen geschmücktes Portal und einen Dacherker betont. Da die Burg in Privatbesitz ist, ist auch hier eine Besichtigung nur von außen möglich. Adresse: Hohe Loga.

Haus Samson

Seit mehreren Generationen befindet sich das im Jahre 1643 errichtete Haus Samson im Besitz der Familie Wolff und vermittelt einen lebendigen Einblick in die Wohnkultur des 18. und 19. Jahrhunderts. Ein Prachtstück ist die mit barocken Ornamenten und einem zierlichen Oberlicht geschmückte Tür aus dem 18. Jahrhundert. Während der Geschäftszeiten ist eine Besichtigung möglich. Adresse: Rathausstraße 18, Tel.: 0491/ 925230.

Heimatmuseum

Das Heimatmuseum befindet sich in zwei alten Handwerkshäusern. Die Schwerpunkte der Ausstellungen sind Ostfriesische Wohnkultur, historische Bekleidung, Bilder ostfriesischer Maler, Schiffahrt, Geschichte der Stadt Leer und die Vorgeschichte auf der Geest. Der in 90 Jahren gewachsene Bestand der Sammlung vermittelt ein anschauliches Bild vom kulturellen und wirtschaftlichen Leben dieser Region. In einem großen Ausstellungsraum finden von Zeit zu Zeit sehenswerte Sonderausstellungen statt. Öffnungszeiten: Di-Fr 10.00-17.00 Uhr, So 11.00-12.30 Uhr und nach Vereinbarung. Adresse: Neue Straße 12, Tel.: 0491/2019.

Kirchen

Zahlreiche sehenswerte Kirchen laden zu besinnlichen

Von oben nach unten:
die Evenburg, die Haneburg und die Phillipsburg in Leer

Der Turm der reformierten Kirche in Leer

ein typisches, stilgerecht restauriertes Beispiel einer großen Predigerkirche. Öffnungszeiten: Mo-Fr 15.00-17.00 Uhr, Sa 10.00-12.00 Uhr und nach Vereinbarung. Tel.: 0491/2566. Lohnend ist außerdem ein Besuch der im Jahre 1795 erbauten Kirche St. Michael (Besichtigung nach Vereinbarung, Tel.: 0491/2622), der im Jahre 1900 eingeweihten Christuskirche (Besichtigung nach Vereinbarung, Tel.: 0491/12738, 13313 oder 14514) und der 1825 im klassizistischen Stil errichteten Mennonitenkirche (Besichtigung nach Vereinbarung, Tel.: 0491/2914). Hervorzuheben sind weiterhin die im neugotischen Stil erbaute und 1891 eingeweihte Friedenskirche (Besichtigungszeiten: So 9.00-12.00 Uhr und nach Vereinbarung, Tel.: 0491/7671) sowie die im 13. Jahrhundert errichtete reformierte Kirche in Loga. In ihrer schlichten Schönheit, dem reformierten Verständnis entsprechend, ziert eine Kanzel aus massivem Eichenholz das Kircheninnere (Besichtigung nach Vereinbarung, Tel.: 0491/ 71753). Sehenswert sind auch die im 12. Jahrhundert aus Muschelkalk und Klosterformatsteinen erbaute lutherische Kirche zu Logabirum (Besichtigung nach Anmeldung, Tel.: 0491/72135) und die im 12. Jahrhundert errichtete reformierte Kirche zu Nüttermoor (Besichtigung nach Vereinbarung, Tel.: 0491/4409). Ein Kleinod der besonderen Art bietet die Ortschaft Bingum. Hier befindet sich die aus dem 13. Jahrhundert stammende Matthäikirche. Sie beherbergt ein achteckiges Taufbecken aus dem 15. Jahrhundert sowie Schnitzereien aus dem 30jährigen Krieg. Vor dem Eingangsportal erinnert die „Trauernde Mutter" des Leeraner Bildhauers Karl-Ludwig Böke an die Gefallenen aus zwei Weltkriegen (Besichtigungszeiten: Sa 14.00-17.00 Uhr und nach Vereinbarung. Tel.: 0491/63829).

Besuchen ein. Die zwischen hohen Bäumen gelegene Lutherkirche ist im Sommer nur durch die Spitze des Glockenturms, die ein goldener Schwan ziert, erkennbar. Im Inneren ist an der Südseite Christine Charlotte dargestellt, die im Jahre 1675 den Bau der Kirche genehmigte und die Steine des Klosters Thedinga für den Bau zur Verfügung stellte. Links neben der Fürstin ist Carl Edzard zu sehen, der im Jahre 1736 den Bau des Nordflügels unterstützte. Nachdem zahlreiche Um- und Ausbauten folgten, entstanden im Jahr 1910 die dem Barock nachempfundenen Deckenmalereien. Eine Besichtigung ist täglich in der Zeit von Juni bis August und nach Vereinbarung möglich. Adresse: Königstraße, Tel.: 0491/ 2750. Sehenswert ist auch die in der Form eines griechischen Kreuzes erbaute Große Reformierte Kirche aus der Zeit von 1785-87. Sie ist

Die Krypta in Plytenberg

Gedenkstätte

Die Überreste der ältesten Steinkirche in Leer dienen seit 1955 als Gedenkstätte für die Opfer beider Weltkriege. Die Krypta befindet sich beim Plytenberg (täglich geöffnet).

Sperrwerk/Seeschleuse

Das im Jahre 1954 in Betrieb genommene Leda-Sperrwerk und die 1901-1903 erbaute und 1974 grundlegend erneuerte Seeschleuse bilden das Kernstück einer Hochwasserschutzmaßnahme. Besichtigungszeiten des Sperrwerks: Di 15.00-16.00 Uhr und nach Vereinbarung. Tel.: 0491/12064. Eine Besichtigung der Seeschleuse ist nur nach Vereinbarung möglich. Tel.: 0491/9277041.

Mühle

Die 1895 erbaute Mühle zu Logabirum ist die einzige von einst über einem Dutzend, die bewahrt werden konnte. Während einer Besichtigung kann die Sägemühle zur Demonstration in Betrieb gesetzt werden. Eine Besichtigung ist nach Vereinbarung möglich. Tel.: 0491/7584.

Pünte

Die Pünte ist die letzte von Hand gezogene Fähre im norddeutschen Raum. Sie befindet sich an der Deutschen Fehnroute zwischen Wiltshausen und Amdorf auf der Jümme. Besichtigung/Nutzung: Mai bis September, Mi-Fr 10.00-18.00 Uhr, Sa und So 10.00-19.00 Uhr.

Freizeitangebote

Schwimmen

Leer verfügt über ein Hallen- und Freibad. Anschrift: Buhrfehner Weg 32a, Tel.: 0491/65417. Öffnungszeiten des Hallenbades: Mo Schul- und Vereinsschwimmen, Di 6.30-19.30 Uhr, Mi 15.00-21.00 Uhr, Do 6.30-21.00 Uhr, Fr 6.30-21.00 Uhr, Sa 10.00-16.00 Uhr, So 8.00-16.00 Uhr; Öffnungszeiten des Freibades: in der Saison vom 15. Mai bis 15. September Mo-Fr 6.30-20.00 Uhr, Sa und So 8.00-18.00 Uhr.

Wassersport

Wassersport kann auf der Ems und auf der Leda betrieben werden. Leer ist Stützpunkt des Deutschen Motoryachtverbandes. Anlege- und Entsorgungsmöglichkeiten sowie Sanitäreinrichtungen sind im Hafen vorhan-

Gallimarkt (Beginn: 2. Mittwoch im Oktober)

den. Die Ems-Marina in Bingum bietet außerdem einen vielseitigen Bootsservice. Eine Wasserwanderkarte ist im Verkehrsbüro Leer erhältlich. Besonders zu empfehlen ist die Tour unter dem Motto „Mit Paddel und Pedal" entlang der Deutschen Fehnroute. Info-Tel.: 0491/9791-240.

Boßeln

Wer boßeln möchte, kann sich Boßelkugeln und Zubehör im Bürgerbüro der Stadt Leer ausleihen. Tel.: 0491/9782-500.

Wandern/Radfahren

Vorschläge für Radfahrer: Besonders zu empfehlen sind die Dollard Route, die Deut-

sche Fehnroute, die Routen mit der Bezeichnung „Fehnlandschaft Ostfriesland" und „Parklandschaft Ammerland", die Friesenroute mit der Tour „Mit Rad up't Möhlenpad" und die kombinierten Kanu- und Fahrradtouren unter dem Motto „Mit Paddel und Pedal". Vorschläge für Wanderer: Empfehlenswert sind z.B. der Ostfrieslandwanderweg, der Störtebekerweg, der Friesenweg, der Ems-Weg und der Ems-Hunte-Weg. Information: Internationale Dollard Route, Friesenstraße 34/36, Leer, Tel.: 0491/5696; Ammerland-Touristik-Information, Ammerlandallee 12, Westerstede, Tel.: 04488/ 56125; Interessengemeinschaft Deutsche Fehnroute e.V., Friesenstraße 34/36, Leer, Tel.: 0491/66641; Touristik GmbH, Friesenstraße 34/36, Leer, Tel.: 0491/63787; Touristik GmbH „Südliches Ostfriesland", Friesenstraße 34/36, Leer, Tel.: 0491/9791240.

Kanu- und Fahrradverleih

Adressen: Ems-Marina-Bingum, Marinastraße, Tel.: 0491/4421; Familie Oltmanns, Brunnenstraße 39, Tel.: 0491/3575; Fahrrad-Oase, Bremerstraße 27, Tel.: 0491/15115; Zweirad-Otten, Heisfelder Straße 33, Tel.: 0491/2430. Information: Touristik GmbH „Südliches Ostfriesland", Tel.: 0491/63787.

Rundflug

Wer an einem Rundflug teilnehmen möchte, kann sich an folgende Adresse wenden: Flugplatz Leer-Papenburg, Tel.: 0491/62606.

Reiten/Planwagenfahrten

Adressen: Lindena, Suckowsweg 2, Tel.: 0491/61966; Smidt, Zum Voßberg 3, Bingum, Tel.: 0491/61820; Freizeit- und Reiterhof Zimmer, Siebenbergen 107, Logabirum, Tel.: 0491/73007.

Schiffsfahrten

Auf Leda, Ems und Dollart werden täglich Schiffsfahrten angeboten. Außerdem besteht in der Saison jeden Mittwoch ab 9.45 Uhr die Möglichkeit, mit dem Katamaran MS „Nordlicht" von Leer nach Borkum zu reisen. Information: Schiffahrtsgesellschaft mbH, Rathausstraße 4a, Tel.: 0491/5982.

Feste und Veranstaltungen

Besonders zu empfehlen sind die Kulturtage, der Töpfermarkt, der Gallimarkt und der traditionelle Viehmarkt. Aktuelle Informationen und Termine können Sie dem Veranstaltungskalender, der im Verkehrsbüro der Stadt Leer erhältlich ist, entnehmen. Karten für Theaterstücke der Landesbühne Nord bekommen Sie im Bürgerbüro der Stadt Leer. Tel.: 0491/9782-500.

Moormerland
(Landkreis Leer)

Die zwischen Leer und Emden gelegene Gemeinde Moormerland entstand 1973 durch den Zusammenschluß von elf ehemals selbständigen Ortschaften. Wenn auch Moormerland noch keine eigene geschichtliche Vergangenheit aufzuweisen hat, so können doch die einzelnen Orte eine weit zurück reichende Geschichte verzeichnen. Urnenfunde in Neemoor lassen darauf schließen, daß die erste Besiedelung des Dorfes bereits in vorchristlicher Zeit erfolgte. Weitere Beispiele sind Gandersum und Rorichum, die schon 1000 n.Chr. im Güte- und Heberegister der Abtei Werden erwähnt wurden oder Hatshausen, das bereits in einer Urkunde von 1439 als „Hatzehusen" erschien. Die Anfänge des Dorfes Veenhusen reichen bis in das 12. Jahrhundert zurück. In den Registern der Münsterischen Pfarren wird es im Jahre 1435 als „Tartamora" erwähnt. Das Jahr 1736 gilt als Gründungsjahr des Fehns. Die Fehne waren Kanäle, die die Aufgabe hatten, das Moor zu entwässern, so daß es trocknen und als Siedlungsfläche dienen konnte. Das Dorf der Familie Warsing, die hier die ersten Kultivierungsarbeiten verrichteten, erhielt somit den Namen Warsingsfehn. **Information:** Gemeindeverwaltung Moormerland, Rathaus, Theodor-Heuss-Straße 12, Warsingsfehn, Tel. 04954/8010.

Die Kirche in Hatshausen

Ortsführungen

Wer die Sehenswürdigkeiten der Gemeinde Moormerland und seiner Umgebung kennenlernen möchte, kann an einer Busfahrt entlang der „Deutschen Fehnroute" teilnehmen. Auf dem Rundkurs werden die Fehnkolonien Jehringsfehn, Boekzetelerfehn und Hatshausen durchfahren.

Sehenswertes

Kirchen

Besonders sehenswert sind die historischen Kirchen der Ortschaften Gandersum, Oldersum, Hatshausen, Rorichum und Veenhusen. Die reformierte Einraumkirche zu Gandersum, die nach dem Zweiten Weltkrieg einer Ruine glich, wurde 1962 in den alten Formen wieder aufgebaut. Besichtigung nach Vereinbarung, Tel.: 04924/1673. Lage: Zollhausstraße. Die reformierte Kirche Oldersums wurde um 1400 erbaut. Hier fand das denkwürdige Religionsgespräch zwischen den Reformierten aus dem Rheiderland und Groningen einerseits und den Lutheranern aus den ostfriesischen Städten und Flecken andererseits statt. Im Jahre 1916 wurde die gotische Kirche durch einen Brand zerstört und 1922 neu aufgebaut. Der Kirchturm aus dem 14. Jahrhundert konnte bewahrt werden. Besichtigung nach Vereinbarung, Tel.: 04924/2001. Lage: An der Rotbuche. Die reformierte Kirche der Ortschaft Rorichum stammt aus dem 14. Jahrhundert. Es handelt sich hier um eine Backsteinkirche, die über einem rechteckigen Grundriß erbaut wurde. Der freistehende

Glockenturm besaß ursprünglich Rundbogenfenster, die später vermauert und durch Spitzbogenfenster ersetzt wurden. Besichtigung nach Vereinbarung, Tel.: 04924/2001. Lage: Lange Reihe. Die Kirche zu Veenhusen wurde um 1400 aus Steinen der in der Ems untergegangenen Kirche von Osterwinsum erbaut. Der Westturm datiert auf das Jahr 1869. Besichtigung nach Vereinbarung, Tel.: 04954/2004. Lage: Kirchstraße. Das jetzige Gotteshaus des Dorfes Hatshausen stammt aus dem Jahre 1783. Die Kirche hatte berühmte Prediger, wie z.B. Johann Fabricius (Entdecker der Sonnenflecken) und Anton Christian Bolinius, der das Moorbrennen und den Buchweizenanbau einführte. Eine Besichtigung ist nach Vereinbarung unter der Tel.: 04954/242903 möglich.

Mühlen

Die alte strohgedeckte Windmühle Neermoors wurde im Jahre 1894 von der Familie Löning in der Nähe des Bahnhofsgeländes errichtet. War die Mühle zunächst nur von der Naturkraft Wind abhängig, so wurde bereits vor dem Ersten Weltkrieg ein Sauggasmotor eingebaut. Nach 1945 erfolgte die Umstellung auf Elektroantrieb. Von der alten Mühle stehen heute nur noch der Unterbau und der Achterkant. Die Haube, das Flügelkreuz und die Galerie wurden bereits 1964 demontiert. Sehenswert ist auch die 1810 erbaute, zweistöckige Holländerwindmühle in Warsingsfehn. 1885 brannte sie durch einen Blitzschlag ab und wurde im folgenden Jahr wieder aufgebaut. Die Galerie, die in einer Breite von 1,50 Meter um die Mühle herumführte, fehlt inzwischen, ebenso die Flügel, die im Jahre 1967 abmontiert wurden. Heute befindet sich die Mühle in der Obhut des Mühlenvereins Warsingsfehn e.V., dessen

Ziel es ist, die Mühle wieder mit Windkraft mahlen zu lassen. Öffnungszeiten: Mai bis September, eine Besichtigung ist nach Voranmeldung in der Zeit von 7.30-12.00 Uhr und 13.30-17.00 Uhr möglich. Anschrift: Hauptwieke 18, Tel.: 04954/4372.

Heimatmuseum

Im Heimatmuseum werden Sonderausstellungen zur Heimatgeschichte und Moorkolonisation präsentiert. Anschrift: Dr.-Warsing-Straße 79, Warsingsfehn, Tel.: 04954/4327.

Fehnlandschaft/Klappbrücken

Die Fehnlandschaft ist durch die Urbarmachung der Moore entstanden. Zur Entwässerung des moorigen Landes entstanden Wieken und Fehne (kleinere und größere Gräben). Um sie trockenen Fußes überqueren zu können und sie trotzdem schiffbar zu machen, wurden zahlreiche Klappbrücken errichtet. Sehenswert sind auch die Schleusenanlagen (Verlaate) in Warsingsfehn und Oldersum, die die Aufgabe haben, die Höhendifferenz zweier Kanäle auszugleichen.

Freizeitangebote

Wandern/Radfahren

Besonders empfehlenswert ist beispielsweise der 163 Kilometer lange Rundkurs „Deutsche Fehnroute", der Wanderweg auf dem Emsdeich „Oll Melkpadd" von Oldersum nach Rorichum, der Wanderweg entlang des Sauteler Kanals quer durch die Ortschaft Warsingsfehn, der Wanderweg von Neermoor über Tergast nach Oldersum quer durch den Hammrich und die „Wege unter dem Meeresspiegel". Wer sich für eine längere

Tour interessiert, kann z.B. die deutsch/niederländische „Dollard Route" erkunden. Im Bürgerbüro sind Wander- und Informationskarten erhältlich.

Paddeln/Rudern

Die vielen Flußläufe und Kanäle bieten ausgezeichnete Möglichkeiten für Wassersportler. Nähere Informationen zum Wassersport auf Binnengewässern erhalten Sie am Anleger des Bootssportclubs Gandersum e.V., Pappelstraße 32, Boekzetelerfehn, Tel.: 04954/5302 oder am Anleger des Bootssportclubs Sieve, Norderstraße 11, Neermoor, Tel.: 04954/2782.

Schiffsfahrten

Wer Lust zu einer Fahrt auf der Ems hat, kann sich an folgende Adresse wenden: Anleger des Jachtclubs Unterems e.V., Tel.: 04924/1541.

Angeln

Wer sich für den Angelsport interessiert, sollte wissen, daß vom 1. Januar bis zum 15. April alle stehenden Gewässer für jeden Fischfang gesperrt sind. Einen Fischerei-Erlaubnisschein erhält man beim Angelsportverein Leer, Tel.: 04954/6400 oder beim Bezirksfischerverband Ostfriesland, Tel.: 04945/319 oder 1263.

Reiten

Wenn Sie Reitstunden oder einen Ausritt planen, können Sie sich an folgende Adresse wenden: Reitverein Petkum-Oldersum, Am Ems-Seiten-Kanal, Moormerland, Tel.: 04924/511.

Boote in einem Seitenarm der Ems

Neuharlingersiel
(Landkreis Wittmund)

Neuharlingersiel blickt auf eine 300jährige Geschichte als Fischerdorf zurück. Der Hafen ist einer der ältesten an der Nordseeküste und diente schon zu Störtebekers Zeiten als Piratenversteck. Noch heute sind hier 14 aktive Krabbenkutter beheimatet. **Information:** Kurverwaltung Neuharlingersiel, Hafenzufahrt West, Tel.: 04974/18812.

Ortsführungen

An Führungen durch den Ort, den Sielhof, das Kurhaus und das Schöpfwerk kann man von März bis Oktober teilnehmen. Die jeweiligen Termine werden im Veranstaltungs-kalender bekannt gegeben oder sind beim Kurverein zu erfragen. Das Veranstaltungs-heft „Lüttje Käpt'n" erscheint von März bis Oktober und ist bei der Kurverwaltung er-hältlich.

Sehenswertes

Hafen

Der malerische Fischerhafen ist das Herz der Gemeinde. Hier laufen die Krabbenkutter mit ihren Fängen ein. Die Krabben, im Nord-deutschen sagt man „Granat", kann man di-rekt und fangfrisch vom Kutter kaufen.

Buddelschiffmuseum

An der Westseite des Hafens, in Janssens Hotel, befindet sich das Buddelschiffmuse-um mit über 100 Buddelschiffen. Dienstags bleibt das Museum geschlossen.

Mühlen

Mühlen kann man in Seriem und in Werdum besichtigen. Die Seriemer Mühle bietet außerdem eine Teestube, die Werdumer Mühle wird durch ein kleines Schmiedemu-seum ergänzt.

Sielhof

Der Sielhof ist ein Landschloß, in dem sich heute ein Restaurant-Cafe befindet. Es ist vom romantischen Neuharlingersieler Graft umschlossen und inmitten des Kurparks mit altem Baumbestand gelegen. Besonders se-henswert ist u.a. die Bauerndiele mit einer wertvollen alten Fliesenwand mit biblischen Motiven. Tel.: 04974/605.

Freizeitangebote

Bootsfahrten

Auf dem Neuharlingersieler Tief bietet sich die Gelegenheit, mit einem Tret- oder Ru-derboot den „Seeweg" zu erkunden. Einen Bootsverleih findet man am Süderweg.

Wandern/Radfahren

Wer sich in die Hände eines ortskundigen Führers begeben möchte, kann an einer ge-führten Fahrradtour teilnehmen (Information: Kurverwaltung). Besonders zu empfehlen ist die Teilnahme an einer Wattwanderung. Un-ter der Leitung eines geprüften Wattführers der Kurverwaltung kann man gefahrlos das Wattenmeer erkunden. Darüber hinaus wer-den auch naturkundliche Wanderungen ange-boten. Tel.: 04974/18812.

Schwimmen

Der Strand ist Bestandteil der Ortes, von überall schnell zu Fuß zu erreichen. Er bietet reichlich Platz zum Spielen, Burgenbauen oder auch einfach zum Sonnen im Strand-korb oder auf der Liegewiese (die Strand-korbvermietung befindet sich direkt am Strand). Wer gerne beheizt und tidenunab-hängig schwimmen möchte, dem steht ein Meerwasser-Hallenbad zur Verfügung. Es befindet sich im Ortszentrum am „Haus des Gastes". Das Wasser des Meerwasserhallen-bades wird aus der Nordsee abgepumpt und auf angenehme 30 Grad Celsius erwärmt.

Schiffs- und Kutterfahrten

In der Saison finden fast täglich Überfahrten nach Spiekeroog statt. Es werden außerdem

Sonderfahrten zu anderen Inseln und zu den Seehundsbänken angeboten: Tel.: 04976/ 919333 (Inselgemeinde Spiekeroog). Kutterfahrten werden fast täglich durchgeführt. Die Fischkutter „Gorch Fock" (Tel. 04974/279) und „Keen Tied" (Tel. 04974/ 307) stehen zu diesem Zweck zur Verfügung.

Reiten

Der Bauernhof Rieken, Werdumer-Altendeich ist die richtige Adresse für „Pferdenarren"; Tel.: 04974/223.

Feste und Veranstaltungen

In Neuharlingersiel ist immer etwas los: Neben dem Lampionlauf im Herbst, den Teeseminaren und Zaubervorstellungen zählen die sonntäglichen Hafenkonzerte zu den Veranstaltungshöhepunkten. Dabei geben sich bekannte Shanty-Chöre, Akkordeonorchester und Musikgruppen aus dem hiesigen Raum vor der Kulisse des Hafens ein Stelldichein.

Norden
(Landkreis Aurich)

Die Bezeichnung „Norden" wird im täglichen Sprachgebrauch stets als Himmelsrichtung verstanden. In der äußersten Nordwestecke Deutschlands, an der ostfriesischen Nordseeküste, liegt jedoch eine reizvolle, beschauliche Kleinstadt gleichen Namens. Sie grenzt auf einer Länge von ca. 26 Kilometern Deichlinie unmittelbar an die Nordsee. Norden ist eine Stadt mit Teehandelstradition (seit 1723). Die Familie Onno Behrends GmbH & Co., einer der modernsten Tee-Betriebe Europas, verarbeitet jährlich

Das „Alte Rathaus"

mehr als 4000 Tonnen Tee. Dabei erfreut sich die ostfriesische Teemischung ständig steigender Beliebtheit. Der Siedlungskern der Stadt liegt ca. neun Meter über dem Meeresspiegel auf Geestland, das umgeben ist von Meer, Marsch und Moor. Norden besitzt seit 1255 Stadtrechte. Heute gehört Norden als selbständige Stadt zum Landkreis Aurich. Der Ortsteil Norddeich ist seit 1992 staatlich anerkanntes Nordseeheilbad. **Information:** Fremdenverkehrsamt, Am Markt 14, 26506 Norden, Tel.: 04931/ 986201, Fax: 04931/913456 und Dörper Weg, Tel.: 04931/98602.

Stadtführungen

Von März bis Oktober werden geführte Spaziergänge rund um den Norder Marktplatz

Die Ludgerikirche

mit Besichtigung der Ludgerikirche, im Ortsteil Norddeich auf den Spuren der Entwicklung vom Fischerdorf zum Nordseebad oder durch den Schloßpark der Lütetsburg angeboten. Info-Tel.: 04931/986201 (Norddeich) oder 04931/986200 (Norden).

Sehenswertes

Marktplatz/historische Gebäude

Der Mittelpunkt des Stadtkerns wird vom 6,6 Hektar großen, fast quadratisch angelegten Marktplatz geprägt. Die dort stehenden Bäume sind bis zu 200 Jahre alt. In der Reihe der alten Bürgerhäuser rund um den Marktplatz steht das „Alte Rathaus". Es datiert auf das Jahr 1542. Das Backsteingebäude mit dem ungewöhnlichen Treppenturm an der Ostseite diente bis 1884 als Rathaus und ist seit 1922 Heimatmuseum. Sehenswert ist auch das Schöningsche Haus. Es gilt als das reichste Bürgerhaus der Renaissance in Ostfriesland. Der in der Zeit von 1567 bis 1576 errichtete Bau hat einen mit Sandsteinbändern verzierten, ganz in Fenstern aufgelösten Giebel. An der Oberseite des Giebels stellen Sandsteinfiguren die Taten des Herakles dar. Erwähnenswert ist auch der alte Häuptlings- und Herrensitz „Selden Rüst", der im Jahre 1454 erstmals in einer Urkunde erwähnt wurde. 1789 ließ der Deichrichter Hinrich Wieben das jetzige Gebäude errichten. Der Bau erhielt die Bezeichnung „Selden Rüst" (selten Ruhe), da er vor der Fertigstellung dreimal abbrannte. Eine der Giebelfiguren stellt den Meeresgott Neptun dar.

Ludgerikirche

Inmitten der Marktplatzanlage liegt die bedeutende, im romanisch-gotischen Baustil errichtete Ludgerikirche, dessen baulicher Ursprung ins 13. Jahrhundert zurück reicht. In der Kirche befindet sich die größte im Original erhaltene Orgel des Baumeisters Arp Schnitger aus dem Jahre 1686, die stets im Blickpunkt des Interesses der internationalen Fachwelt liegt. Der ebenfalls aus dem 13. Jahrhundert stammende Glockenturm ist freistehend und fasziniert durch sein klangvolles und melodienreiches Glockenspiel. Es erklingt jeweils zwei Minuten vor dem Uhrenschlag um 9.00, 12.00, 15.00 und 18.00 Uhr.

Museen/Ausstellungen

Das Norder Heimatmuseum im „Alten Rathaus" zeigt Ausstellungen zu den Themen: Handel und Wandel, Küstenschutz, Stadt und Wohnkultur. Öffnungszeiten: Di und So 10.00-16.00 Uhr; Tel.: 04931/12100 oder 12892. Hier befindet sich außerdem die Theelkammer, der Versammlungsort des ältesten genossenschaftlichen Zusammenschlusses von Erbbauern (Theelacht). Im Nachbargebäude befindet sich seit 1989 das erste europäische Teemuseum. Es präsentiert Tee und Teekultur mit der Sammlung Oswald von Diepholz. Der Einlaß erfolgt durch

Die Frisia-Mühle (links) und die Deichmühle (rechts)

das Heimatmuseum. Wenn Sie sich für Schiffsmodelle interessieren, sollten Sie das Buddelschiffmuseum besuchen. Hier werden handgearbeitete Schiffsmodelle und Buddelschiffe präsentiert. Adresse: Backersweg 2, Norddeich, Tel.: 04931/8750; Öffnungszeiten: 10.00-12.00 Uhr und 14.30-18.00 Uhr, donnerstags und sonntags bleibt geschlossen. Zu empfehlen ist außerdem ein Abstecher zum Muschel- und Schneckenmuseum in der Gnurre Mühle (Öffnungszeiten: 25. März bis 1. November Di-Fr 14.30-18.00 Uhr; Tel.: 04931/12615) und zum Uhrenmuseum in der Klosterstraße 16 (Tel.: 04931/13371; Öffnungszeiten: Di-Do 16.00-19.00 Uhr, Sa 11.00-18.00 Uhr, So und Mo ist Ruhetag).

Weitere Museen, Ausstellungen und Sammlungen finden Sie unter folgenden Adressen: Museum in der Mennonitenkirche, Am Markt 17, Tel.: 04931/76357 und 14556. Museum der Deutschen Gesellschaft zur Rettung Schiffbrüchiger, Tunnelstraße14, Norddeich, Tel.: 04931/8660. Kunsthaus Norden, Großneustraße 13, Tel.: 04931/2307; Öffnungszeiten: Fr 16.00-18.00 Uhr, Sa 15.00-17.00 Uhr, So 11.00-13.00 Uhr und 15.00-17.00 Uhr. Seehundaufzucht- und Forschungsstation Norddeich, Tel.: 04931/8919; Öffnungszeiten: täglich von 10.00-18.00 Uhr. Ostdeutsche Heimatstube, Schulstraße 61, Tel.: 049312/5102; Öffnungszeiten: Mi 15.00-17.00 Uhr.

Mühlen

Die Deichmühle ist mit ca. 28,5 Metern die drittgrößte Mühle Ostfrieslands. Der vierstöckige Galerieholländer wurde im Jahre 1900 erbaut, seine Vorgängerin war eine Bockwindmühle. Die Deichmühle kann ab dem 15. Juni werktags von 10.00-12.00 Uhr und von 15.00-17.00 Uhr besichtigt werden. Adresse: Bahnhofsstraße 1, Tel.: 04931/ 12339 oder 04961/2262. Die Frisia-Mühle (Gnurre Mühle) befindet sich „In der Gnurre 14". Reste dieser Mühle sollen von einem vierstöckigen Galerieholländer stammen, der um 1864 erbaut wurde. Bis 1930 wurde sie mit Windkraft, später mit Motorkraft betrieben. Lange Jahre diente der Ziegelunterbau als Speicher. Die Mühle kann in der Zeit zwischen den Oster- und Herbstferien jeweils mittwochs von 15.00-17.00 Uhr besichtigt werden (Tel.: 04931/5811). Sehenswert sind außerdem die Silbermühle (an der Norddeicher Straße), ein zweistöckiger Galerieholländer aus dem Jahre 1894, und die Westgaster Mühle, ein dreistöckiger Galerieholländer, aus Jahre 1855. Nach einem Blitzschlag 1864 mußte die Westgaster Mühle neu errichtet werden. Heute befindet sich hier eine gemütliche Teestube. In Zukunft soll eine kleine Bäckerei eingerichtet werden, die das frisch gemahlene Mehl sofort verarbeitet. Die Mühle kann werktags von 10.00-12.30 Uhr und von 15.00-18.00 Uhr besichtigt werden. Adresse: Alleestraße 25, Tel.: 04931/14527.

Norder Hafen/„Altes Zollhaus"

In den Jahren 1362 bis 1377 erhielt Norden durch mehrere schwere Sturmfluten den direkten Zugang zum Meer. Das im Jahr 1857 erbaute Pack- und Zollhaus am Norder Hafen läßt in der Bauweise erahnen, daß Norden vom 14. bis 19. Jahrhundert eine bedeutende Seehandels- und Hafenstadt war. Im Giebel des eindrucksvollen Backsteingebäu-

Der Hafen von Norden mit dem „Alten Pack- und Zollhaus"

des ist das Norder Stadtwappen angebracht. Der Norder Hafen wurde zwischenzeitlich neu gestaltet. In Zukunft wird hier ein Bootsverleih sowie ein Museumsschiff zur Besichtigung vorhanden sein. Im renovierten „Alten Zollhaus" ist ein Café/Restaurant eingerichtet worden. Lage: Burggraben/Am Norder Tief.

Hafenanlage Norddeich

Zunehmende wirtschaftliche Bedeutung erfährt der Norddeicher Hafen über den Personen-, Waren- und Güterverkehr zu den Inseln Juist, Norderney und Baltrum. Die verschiedenen Hafenbecken mit dem Seebäderverkehr, den Sportbooten, den Frachtschiffen und den Fischkuttern bieten in den Sommer-

Fischereihafen Norddeich

monaten ein buntes Bild mit geschäftigem Treiben.

Siele

Das Fridericussiel liegt im Ortsteil Süderneuland. Es wurde im Jahre 1775 erbaut und nach Friedrich dem Großen benannt. Es ist eines der ältesten Siele Ostfrieslands und wurde in den letzten Jahren restauriert. Im Rahmen von Deicherneuerungen im Bereich der Leybucht wurde 1928 mit dem Bau des Leybuchtsiels begonnen. Drei Torpaare verschließen das Siel. Von hier hat man einen sehr schönen Blick über das Binnenland und das Wattenmeer. Bei Ebbe erkennt man deutlich das „Außentief".

Freizeitangebote

Schwimmen

Folgende Bäder stehen zur Verfügung: Meerwasserhallenbad Norddeich, Dörper Weg, Tel.: 04931/986213, Öffnungszeiten: Mo-Fr 10.00-19.00 Uhr, Sa und So 9.00-18.00 Uhr. Seewasserfreibad am Strand, Öffnungszeiten: 15. Mai bis 15. September täglich 8.30-19.00 Uhr. Frisia-Bad, Parkstraße 45, Tel.: 04931/926-170, Allgemeinbaden: Fr 15.00-18.00 Uhr, Sa 10.30-12.30 Uhr.

Boßeln

Der friesische Nationalsport wird in 13 Vereinen der Stadt ausgeübt. Wenn Sie Interesse haben, können Sie sich beispielsweise an den Boßelverein „Unner Uns" e.V., Tel.: 04931/15141 oder an den Boßelverein „Goode Flücht" e.V. von 1912, Tel.: 04961/8727 wenden.

Wandern/Radfahren

Der Verkehrsverein bietet geführte Radtouren an. So lernt man beispielsweise die Wester- und Ostermarsch, die Lütetsburg, Hage oder die Leybucht bis nach Greetsiel kennen. Besonders empfehlenswert sind Watt- und Deichwanderungen. Wegen der für den Deich so wichtigen Schafbeweidung, ist das Mitführen von Hunden (außerhalb des Ortsgebietes Norddeichs) nicht erlaubt. Wer an einer Wattwanderung teilnehmen möchte, kann diese beim Verkehrsverein buchen. Die Termine sind im Veranstaltungskalender veröffentlicht. Es wird dringend davor gewarnt, Wattwanderungen ohne sachkundige Führung zu unternehmen (Lebensgefahr). Etwa 300 Meter vom Strand entfernt befinden sich mehrere Untiefen, die nicht erkennbar sind.

Joggen

Wer nicht gern alleine läuft, hat die Möglichkeit, sich einer Laufgruppe anzuschließen. Sie trifft sich jeden Sonntag um 10.00 Uhr am Forsthaus Lütetsburg, jeden Donnerstag um 18.30 Uhr an der Birkenschule Bargebur und jeden Mittwoch um 19.00 Uhr auf dem Parkplatz Schloß Lütetsburg.

Reiten

Info-Adresse: Reit- und Fahrverein Norden und Umgebung e.V., am Alten Postweg, Norden-Bargebur, Tel.: 04931/16202.

Angeln

Angeln ist in zahlreichen Gewässern der Umgebung möglich. Gäste mit einer Sportfischerprüfung können einen Angelberechtigungsschein für die vielen Binnengewässer im Verkehrsbüro Norddeich oder im Verkehrsbüro Norden erhalten. In der Nordsee ist das Angeln genehmigungsfrei. Daneben bietet sich für seefeste Angler die Gelegenheit zur Teilnahme am Hochsee- und Kutterangeln.

Paddeln/Rudern

Die zahlreich vorhandenen Gewässer bieten nahezu optimale Voraussetzungen für alle Kanu-Wanderfahrer (WSV Norden). Im eigenen Domizil im Norder Hafen rudern die Renn- und Wanderruderer (Tel.: 04931/5937).

Segeln/Surfen

Die Nordseeküste bietet vorzügliche Wassersportmöglichkeiten. Segeln kann man beim Sportboot Leybucht e.V. (Tel.: 04931/169007), beim Yacht-Club Norden-Norddeich und bei der Marine-Jugend Norden-Norddeich am alten Norder Hafen (Tel. 04931/4934 oder 04931/76481). Surfer treffen sich im Surfverein „Roo Paal" e.V. Norden.

Fahrt mit der Museumseisenbahn

Nachdem die Bundesbahn auf der Strecke Norden – Hage – Dornum den Personenverkehr eingestellt hat, kam es im Jahr 1987 zur Gründung des Museumseisenbahnvereins Küstenbahn Ostfriesland e.V. (Norddeicher Straße 82a), der es sich zur Aufgabe gemacht hat, die historische Bedeutung dieser 16 Kilometer langen Eisenbahnstrecke wieder ins Bewußtsein zu rücken. Die Museumseisenbahn befördert ihre Fahrgäste von Norden nach Dornum und zurück. Abfahrtzeiten: Norden: 10.00, 12.00, 14.00, 16.00 Uhr; Hage: 10.15, 12.15, 14.15, 16.15 Uhr; Dornum: 11.00, 13.00, 15.00, 17.00 Uhr. In der Zeit von Juni bis Mitte Oktober fährt die Bahn jeden Sonntag.

Rundflug

Das faszinierende Küstenpanorama mit dem einzigartigen Wattenmeer kann auch aus der Vogelperspektive betrachtet werden. Auf dem Flugplatz Norddeich werden Rundflüge über das Stadtgebiet, das Wattenmeer und zu den Inseln angeboten. Information: Kurverwaltung, Dörper Weg 22, Tel.: 04931/986-200 oder Verkehrsamt, Am Markt 14, Tel.: 04931/986201 oder Stadtverwaltung, Am Markt 15, Tel.: 04931/923252.

Feste und Veranstaltungen

Kulturelles

Das kulturelle Angebot der Stadt Norden beschränkt sich nicht nur auf Veranstaltungen der Kurverwaltung. Theatergastspiele, Ausstellungen, Festivals und Orgelkonzerte bereichern das jährliche Veranstaltungsprogramm. Seit 26 Jahren finden von Juni bis September regelmäßig mittwochs Orgelkonzerte in der Ludgerikirche an der Arp-Schnitger-Orgel mit Künstlern aus aller Welt statt.

Märkte

Der Pfingstmarkt und der im Oktober stattfindende Viehmarkt (Beestmarkt) haben seit Jahrhunderten Tradition und sind auch heute noch Treff- und Anziehungspunkt für jung und alt aus Norden und Umland.

Festivitäten

Einer der festlichen Höhepunkte ist das Norder Stadtfest, das alljährlich am letzten Augustwochenende stattfindet. Aber auch die Hafenfeste erfreuen sich großer Beliebtheit. Während im restaurierten alten Norder Hafen mehr die Tradition vergangener Zeiten gepflegt wird, will das Norddeicher Hafenfest das Leben eines pulsierenden Hafens mit seinem beliebten Fischmarkt dokumentieren. Zu nennen sind außerdem das am zweiten Augustwochenende stattfindende Schützenfest und das am ersten Wochenende im Mai stattfindende Westerstraßenfest.

Norderney
(Landkreis Aurich)

Schon 1797 setzte Norderney auf den Tourismus und wurde Seebad. 1884 entstand auf der Insel das größte deutsche Kinderkrankenhaus. 1931 wurde das erste Meerwasser-Wellenschwimmbad Europas eröffnet. In den 50er Jahren bereits führten die Norderneyer verkehrsberuhigte Zonen ein. Auf der Insel gelten heute wesentliche Verkehrsbeschränkungen. Da man alles bequem zu Fuß, mit dem Rad, per Taxi oder Bus erreichen kann, sollte man sich genau überlegen, ob man sein Auto wirklich braucht oder ob es nicht besser auf dem Festland aufgehoben ist. Zum Thema „Kraftfahrzeuge auf der Insel" erhalten Sie Informationsmaterial auf den Fährschiffen und beim Reedereikontor der AG Reederei Norden-Frisia, „Haus der Schiffahrt", Bülowallee 2, Tel.: 04932/9130.

Norderney – die Nordseeinsel

Sonstige Informationen: Niedersächsisches Staatsbad Norderney, Weststrandstr.2, Tel.: 04932/891-0, Fax: 04932/891-112 oder Norderneyer Verkehrsbüro GmbH, Bülowallee 5 (direkt am Ortseingang, gegenüber dem „Haus der Schiffahrt"), Tel.: 04932/9185-0, Fax: 04932/82494.

Inselrundfahrten/-führungen

Die Inselrundfahrten starten laut Plakataushang ab Rosengarten. Information: Omnibus Fischer, Tel.: 04932/2119, Peter Tjaden Nahverkehrs GmbH, Tel.: 04932/927144. Wer an einer Inselführung interessiert ist, kann sich an den Watt- und Inselführer W. Fokken, Tel.: 04932/2238, wenden. Für einen naturkundlichen Rundgang steht Herr H. Büsching zur Verfügung. Weitere Führungen sind unter „Wandern/Radfahren" ersichtlich.

Sehenswertes

Heimatmuseum

Das „Norderneyer Fischerhausmuseum" befindet sich zwischen Kurhaus und Freibad. Es ist einzig in seiner Art und veranschaulicht die Wohnkultur und Lebensgewohnheiten der Inselfriesen. Der Heimatverein hatte in den 30er Jahren das damals 250 Jahre alte Fischerhaus erworben und an seinen heutigen Standort im Argonner Wäldchen umgesiedelt. Seither beherbergt das betagte Gebäude einen unerschöpflichen Fundus origineller, aufschlußreicher und kostbarer Zeugen der örtlichen Vergangenheit. Tel.: 04932/1791.

Leuchtturm

Zu einem Inselbesuch gehört die Besichtigung des Leuchtturms einfach dazu. Nähere

Dünen und Strand auf der Nordseite der Insel

Informationen und aktuelle Öffnungszeiten erhalten Sie bei der Kurverwaltung, Tel.: 04932/891-0.

Nationalpark-Haus

Das Nationalpark-Haus „Niedersächsisches Wattenmeer" informiert über den labilen Lebensraum Watt und seine zahlreichen Bewohner. Auf anschauliche Weise wird mit Schaubildern, Erlebnisecken sowie mit Dia- und Videovorführungen jeder Themenbereich beleuchtet. Adresse: Am Hafen 1, Tel.: 04932/2001.

Freizeitangebote

Schiffsfahrten

Besonders reizvoll ist eine Ausflugsfahrt zu den Nachbarinseln oder nach Helgoland. Information: Reederei Cassen Eils – Inseltouristik, Tel.: 04932/2802.

Schwimmen

Bei schönem Wetter erfreuen sich die Strandbäder größter Beliebtheit. Strandbäder finden Sie am West-, Nord- und Oststrand („Weiße Düne"). Der FKK-Strand bietet außerdem die Gelegenheit zu einem Besuch der Strandsauna. Die Badezeiten für die einzelnen Strände sind während der Öffnungszeiten der Kurverwaltung angegeben. Da die Nordsee aber bekanntlich ihre Launen hat, wird die Badezeit zusätzlich durch Hissen der Norderney-Flagge (schwarz-weiß-blau) angezeigt. Bitte beachten Sie, daß das Baden außerhalb der abgegrenzten Strandbäder wegen nicht erkennbarer Strömungen und Tiefenverhältnisse lebensgefährlich ist. Zum Ostbadestrand „Weiße Düne" und zum FKK-Strand fahren ab Busbahnhof Jann-Berghaus-Straße Omnibusse. Am Weststrand befindet sich ein Meerwasserwellenfreibad, das in der Zeit vom 15. Mai bis zum 30. September geöffnet ist (Tel.: 04932/891-158). Wenn das Wetter einmal nicht so mitspielen sollte, empfiehlt sich ein Besuch des Meerwasserwellenbads „Die Welle". Es befindet sich am Kurplatz, Tel.: 04932/891-141.

Wandern/Radfahren

Bereits Ende der 60er Jahre wurde auf Norderney ein Dünen- und Wanderwegenetz eingerichtet. Einen Stadtplan mit Wanderkarte erhalten Sie bei der Kurverwaltung, im Verkehrsbüro und in allen Buchhandlungen und Schreibwarengeschäften. Geführte Wattwanderungen können Sie bei dem Watt- und Inselführer E. Fokken, Tel. 04932/2238, bei der Wattführerin B. Janssen, Tel.: 04932/2116 oder bei Kapitän W. Martens, Tel.: 04932/2278 buchen. Wer sich für natur- und vogelkundliche Führungen interessiert, ist

Der Greetsieler Fischerhafen, Krummhörn (oben); „Historische Häuserzeile" in Greetsiel (unten)

Luftaufnahme der Insel Langeoog (oben); Sonnenuntergang am Strand von Langeoog (unten)

Rathaus und Waage in Leer (oben); Rathausstraße in Leer bei Nacht (unten)

Haus Samson in Leer

Hafen Norderney mit Seenotrettungskreuzer

beim Nationalpark-Haus und bei der Außenstelle des Niedersächsischen Landesbetrieb für Wasserwirtschaft und Küstenschutz (NLWK, Tel.: 04932/2508) an der richtigen Adresse.

Fahrradverleih

Adressen: Charly's Freizeitcenter, Im Gewerbegelände 1, Tel.: 04932/2858; K. Strzelski, Lippestr. 17, Tel.: 04932/1820.

Fliegen

Wer sich für eine Flugschulung interessiert, erhält Informationen bei der Luftsportgruppe Norderney e.V., Tel: 04932/2455.

Golf

Ein 9-Loch-Platz in den Dünen lädt zu einer Partie Golf ein. Informationen sind erhältlich unter der Tel.: 04932/927156.

Reiten/Kutschfahrten

Die Reitschule Junkmann (Lippestr. 23, Tel.: 04932/9241-0, Fax: 04932/9241-92) bietet täglich Strandritte auch für Anfänger an. Die Pony-Ranch Cap Horn (Mühlenstraße/am Gondelteich, Tel.: 0172/4321440) ermöglicht neben Pony- und Eselreiten Kutsch- und Planwagenfahrten. Letztere können Sie auch bei L. Visser, Nordhelmstr. 80, Tel.: 04932/2336 buchen. Der Reiterhof Harms (Am Leuchtturm 11, Tel.: 04932/2108) vermietet Boxen.

Segeln/Surfen

Die Segelschule Norderney bietet verschiedene Kurse (Sportbootführerschein See/Binnen, Segeltörns, Jüngstensegeln) an. Info-Tel.: 04932/766 (Saison) oder 04921/56623 (Emden). Wer sich für Windsurfing interessiert, kann sich in der Zeit vom 1. April bis 30. September bei der Surfschule „Happy Surf" informieren. Angeboten werden Kinderkurse ab 7 Jahre, Einsteiger-, Funboard- und Wellenreitkurse, Bodyboarding, Verleih und Lagerung. Info-Tel.: 04932/648.

Skaten

Norderney hat eine attraktive Herausforderung für Inline-Skater zu bieten. Das Fachmagazin „Inline skating" schwärmt über die Halfpipe samt Jumpramp, Funbox und Rails.

Tennis

Adressen: Tenniscenter Georgshöhe, Kaiserstr. 24, Tel. für die Halle: 04932/898405; Tel. für die Außenplätze: 04932/82592; TUS Norderney, Tennisanlage „An der Mühle", Tel.: 04932/83358.

Das Kurhaus

Feste und Veranstaltungen

Seit Jahrzehnten verpflichtet Norderney für seine Kurkonzerte namhafte Symphonieorchester. Geboten werden außerdem Musicals, Heimatabende, Gastspiele namhafter Theaterensembles, Vorträge, Kabarett, Bilderausstellungen, folkloristische Darbietungen usw. Eine stimmungsvolle Brücke zwischen Gestern und Heute präsentiert sich Kinofreunden. Vor der edel geschwungenen Kulisse aus Samt, Stuck und Blattgold werden im Kurtheater die aktuellen Kinohits gezeigt. Information: Konzert- und Theaterbüro im „Haus der Insel", Eingang Westseite, Kartenvorbestellung: Tel.: 04932/874182, Fax: 04932/874181, Programmhinweise: Tel.: 04932/874200.

Oldenburg
(Kreisfreie Stadt)

Oldenburg, eine moderne Großstadt mit 155.000 Einwohnern, bietet eine ganz besonders gelungene Mischung von urbaner Kultur

Luftaufnahme der Oldenburger Innenstadt

und lebendiger Geschichte. Das Zentrum im Nordwesten hat noch immer den Charme der alten Grafenresidenz und herzöglichen Landeshauptstadt. Die Ursprünge Oldenburgs reichen zurück bis ins 8. Jahrhundert. Damals ermöglichte eine seichte Flußstelle das Überqueren der Hunte und bestimmte somit den Verlauf des Fernhandelswegs zwischen Bremen und Jever. Im Jahre 1108 erstmals urkundlich erwähnt, erhielt Oldenburg 1345 bremisches Stadtrecht. Graf Anton Günther baute die alte Wasserburg zu einem Renaissanceschloß um und begründete 1607 den noch heute stattfindenden Kramermarkt. 1806 entstanden unter Herzog Peter Friedrich Ludwig auf den inzwischen geschleiften Festungswällen breite Promenaden und die Anlage eines Schloßgartens in klassizistischem Stil. Nach dem Ersten Weltkrieg wurde Oldenburg Freistaat mit einer eigenen Regierung und einem gewählten Landtag. Während des dunklen Kapitels des Nationalsozialismus war Oldenburg Gauhauptstadt Weser-Ems. Zunächst, 1946, noch Sitz des Präsidenten des Niedersächsischen Verwaltungsbezirks Oldenburg, beherbergt die Stadt heute nach der kommunalen Gebietsreform 1978 die Bezirksregierung Weser-Ems. Sie hat sich als kultureller und wirtschaftlicher Mittelpunkt der Region etabliert. **Information:** Verkehrsverein Oldenburg e.V., Wallstraße 14, Tel.: 0441/15744.

Stadtführungen

In der Zeit von Mai bis August wird jeden Donnerstag um 15.00 Uhr zu einem Stadtrundgang eingeladen. Treffpunkt: Haupteingang des Schlosses. Daneben sind unter dem Motto „gut geführt – viel erlebt" Führungen nach individuellen Wünschen jederzeit möglich.

Das alte Oldenburger Rathaus auf dem Markt

Sehenswertes

Altes Rathaus/Neues Rathaus

Das Alte Rathaus, ein Ziegelsteinbau aus dem Jahr 1887, zeigt kombinierte Elemente aus den Stilrichtungen der Gründerzeit, der Neugotik und der Neurenaissance. Anschrift: Am Markt, Tel.: 0441/235-0. Das Gebäude des Neuen Rathauses ist eine ehemalige, im klassizistischen Stil erbaute Infanterie-Kaserne, die in der städtebaulichen Ensemblewirkung mit ehemaliger Militärschule (heute Standesamt) und ehemaliger Polizeikaserne (heute Landesbibliothek) erbaut wurde. 1988 erhielt der Bau den „Europa Nostra Preis" der Europäischen Kommission. Anschrift: Pferdemarkt 14, Tel.: 0441/ 235-0.

Lappan-Turm

Der Lappan-Turm, ehemaliger Glockenturm des „Heiligengeist-Spitals", ist das Wahrzeichen der Stadt. Er wurde im Jahre 1467 errichtet, seine Dachhaube datiert das Jahr 1709. Anschrift: Lange Straße 3

Pulverturm

Der Pulverturm ist ein im Jahre 1529 erbauter Bastionsteil der Festung Oldenburg. Er ist Zeugnis der alten Backsteinbaukunst. Die Kuppel des Turms stammt aus dem Jahre 1623. Heute wird er zum Teil für Kunstausstellungen genutzt. Öffnungszeiten: Do und Fr 14.00-17.00 Uhr, Sa und So 10.00-13.00 Uhr; Lage: Am Schloßwall.

Alte Bausubstanz

Deutschlands älteste Fußgängerzone umfaßt nahezu die gesamte Altstadt. Wer die Augen von den Schaufenstern löst, entdeckt vielfach herrliche Bürgerhäuser und gepflegte Fassaden historischer Bauten. Hervorzuheben sind das 1502 erbaute Ackerbürgerhaus „Haus Degode" (Markt 2), das 1682 errichtete Haus-Anton-Günther (Lange Straße 76), die auf das Jahr 1677 datierte Hof-Apotheke (Lange Straße 77), das Haus Renfordt aus dem Jahr 1684 (Lange Straße 68) und die nach dem Stadtbrand von 1676 wiederaufgebaute Hirsch-Apotheke (Staustraße 1).

Museumshafen

Wer sich für alte Schiffe interessiert, sollte sich einen Besuch des Museumshafens (Stadthafen/Wendehafen) nicht entgehen lassen. Hier liegen verschiedene, restaurierte

Blick von der Wallstraße auf den Lappan-Turm

Schiffstypen, die zur Besichtigung frei gegeben sind. Auskunft: Tel.: 0441/7253.

Hauptbahnhof

Wenn Sie nach Oldenburg kommen, sollten Sie unbedingt den sehenswerten Jugendstilsaal, „den blauen Salon" und das Turmzimmer im Gebäude des Hauptbahnhofs besichtigen.

St. Lambertikirche

Die aus dem 13. Jahrhundert stammende, ursprünglich gotische St. Lambertikirche ist im Laufe der Jahre vielfach umgestaltet worden. Das Kircheninnere entspricht dem Stil einer klassizistischen Rundkirche. Öffnungszei-

ten: Di-Fr 11.00-12.30 Uhr und 15.00-16.30 Uhr, Sa 11.00-12.30 Uhr; Lage: Am Markt.

Peter-Friedrich-Ludwigs-Hospital

Bei dem im Jahre 1838 erbauten Krankenhaus handelt es sich um ein Baudenkmal von nationaler Bedeutung. Heute ist hier das städtische Kulturzentrum untergebracht. Adresse: Peterstraße 1/3, Tel.: 0441/2353061.

Landesmuseum für Kunst- und Kulturgeschichte im Schloß

Vorgängerin des heutigen Schlosses war eine Wasserburg, die Graf Anton Günther zu einem Renaissanceschloß umbauen ließ. Heute beheimatet der für die Öffentlichkeit zugängliche Teil des Schlosses das Landesmuseum für Kunst- und Kulturgeschichte. Die Schausammlungen umfassen Objekte zur Kunst- und Kulturgeschichte der Region, die Galerie alter Meister, Kunst des 19. und 20. Jahrhunderts sowie großherzogliche Repräsentationsräume. Öffnungszeiten: Di-Fr 9.00-17.00 Uhr, Sa und So 10.00-17.00 Uhr; Anschrift: Schloßplatz 1, Tel.: 0441/2207300. Sehenswert sind außerdem die der Schloßfront gegenüberliegende Schloßwache und der im englischen Stil angelegte Schloßgarten mit Rhododendronkulturen, einem Rosengarten und Gewächshäusern (Information: Verwaltung, Gartenstraße 37, Tel.: 0441/504897).

Stadtmuseum/Horst-Janssen-Museum

Das Stadtmuseum zeigt (groß-) bürgerliche Wohn- und Sammelkultur des 17. bis frühen 20. Jahrhunderts und stellt zeitgenössische überregionale und oldenburgische Kunst des 19. und 20. Jahrhunderts aus. Öffnungszeiten: Di-Do 9.00-17.00 Uhr, Sa 9.00-12.00 Uhr, So 10.00-17.00 Uhr; Adresse: Am Stadtmuseum 4-8, Tel. 0441/2352881. Das Horst-Janssen-Museum, dessen Eröffnung im Sommer 2000 geplant wird, soll an das Stadtmuseum angeschlossen werden. Horst Janssen, einer der größten Zeichner und Grafiker der Gegenwart, verstarb 1995 und wurde in Oldenburg beigesetzt.

Augusteum

Das Augusteum ist ein Museum, das Kunstwerke des 20. Jahrhunderts ausstellt. Adresse: Elisabethstraße 1, Tel.: 0441/2202600.

Oldenburgischer Kunstverein

Der Oldenburgische Kunstverein lädt zum Besuch ein. Geboten werden Kunstwerke des 19. und 20. Jahrhunderts sowie Sonderausstellungen, Konzerte, Vorträge und Autorenlesungen. Öffnungszeiten: Di-Fr 14.00-17.00 Uhr, Sa 13.00-17.00 Uhr, So 11.00-17.00 Uhr; Adresse: Damm 2a, Tel.: 0441/27109.

Galerien

Oldenburg hat zahlreiche Galerien, Ausstellungen und Kunstsammlungen zu bieten. Im folgenden ist eine kleine Auswahl aufgelistet: Atelier Karin Darby, Haarenufer 25, Tel.: 0441/74880. ART-Plakat, -Grafik, Kunstreproduktionen, Bilderrahmungen: Gaststraße 21, Tel.: 0441/76756. bbk-Galerie, Peterstraße 1, Tel.: 0441/25280. Galerie D`OR, Herbartgang, Tel.: 0441/12192. Galerie Die Emaille-Schmiede, Bergstraße 2, Tel.: 0441/17272. Galerie kunstück, Industriestraße 1, Tel.: 0441/7780221. Galerie O, Bloherfelder Straße 141, Tel.: 0441/591282. Kunsthof Oldenburg, Weskampstraße 7, Tel.: 0441/87396. Kunstlabor Vogel, Stau 119/ Junkerstraße 25, Tel.: 0441/16028 und 83809. NWZ-Pressehaus, Peterstraße 28-34, Tel.: 0441/998801. Tabula Galerie, Schüttingstraße 5 (im Hof), Tel.: 0441/13988. VHS-Kulturspeicher, Wallstraße 24, Tel.: 0441/92391-0.

Staatliches Museum für Naturkunde und Vorgeschichte

Das Staatliche Museum für Naturkunde und Vorgeschichte zeigt Geologie und Ökologie des nordwestdeutschen Raumes. Präsentiert werden Moorfunde, die Darstellung von Naturräumen und Lebensgemeinschaften, Schauaquarien, Mineraliengewölbe und ein historisches Naturalienkabinett. Öffnungszeiten: Di-Do 9.00-17.00 Uhr, Fr 9.00-15.00 Uhr, Sa 10.00-17.00 Uhr; Adresse: Damm 40-44, Tel.: 0441/9244300.

Geschichte der Telekommunikation

Unter dem Motto „Telekom im Wandel der Zeit" werden Vergangenheit und Entwicklung der Telekommunikation lebendig dargestellt. Adresse: Poststraße 1, Tel.: 0441/2345555.

Botanischer Garten

Der Botanische Garten beheimatet ca. 6000 Pflanzenarten und ist damit eine der wertvollsten Anlagen Nordwestdeutschlands. Öffnungszeiten: 8.00-17.00/18.00 Uhr, Sa, So und an Feiertagen erst ab 10.00 Uhr. Information: Verwaltung, Philosophenweg 41, Tel.: 0441/777654.

Bootspartie auf der Mühlenhunte

Freizeitangebote

Angeln

Wer sich für den Angelsport interessiert, ist hier an der richtigen Adresse: Sportfischereiverein Oldenburg, Achterdiek 1c, Tel.: 0441/486106.

Ballonfahrten

Adresse: Phönix Ballooning, Bremer Straße 12, Tel.: 0441/26461.

Rudern/Tretbootfahren

Die Mühlenhunte liegt nahe der Innenstadt, direkt am Schloßgarten (gegenüber vom Augusteum). Hier kann man während der Som-

mermonate Ruder- und Tretboote ausleihen. Verleih: U. Schmidt, Elisabethstraße/Ecke Damm, Tel.: 0441/26250.

Boule

Boulespieler treffen sich samstags und sonntags ab 15.00 Uhr sowie mittwochs ab 18.00 Uhr hinter dem Staatstheater am Cäcilienplatz. Information: Tel.: 0441/381544.

Wandern/Radfahren

Ein reizvolles Ambiente für Spaziergänge bieten der Schloßgarten (Öffnungszeiten: 8.00 Uhr bis Einbruch der Dunkelheit), die Wallanlagen, der Große Bürgerbusch (mit Trimmpfad), der Kleine Bürgerbusch, der Johann-Justus-Busch, die Dobbenanlagen am alten Oldenburger Landtag und das Eversten Holz. Wer gerne mit dem Fahrrad unterwegs ist, hat Do ab 18.00 Uhr und Sa ab 10.00 Uhr die Gelegenheit, an einer Fahrrad-Feierabendtour teilzunehmen. Information: ADFC am Umwelthaus, PFL, Peterstraße 3, Tel.: 0441/13781. Weitere Angebote erhalten Sie bei der Fahrradstation am Waffenplatz, Neue Straße, Tel.: 0441/16345. Der Wanderverein Oldenburg (Info-Tel.: 0441/60745 bzw. 04481/462) sowie der Deutsche Alpenverein (Sektion Oldenburg, Cloppenburger Straße 29) geben Auskunft über Wege, Pfade und alles Wissenswerte rund ums Wandern.

Fahrradverleih

Adressen: Fahrradstation am Waffenplatz, Neue Straße, Tel.: 0441/16345; Buhl-bikes & sports, Lambertistraße 39, Tel.: 0441/8850877; Die Speiche, Donnerschweer Straße 45, Tel.: 0441/84123; Bikes, Ammerländer Heerstraße 6, Tel.: 0441/72853.

Reiten

Adressen: Reitverein Graf Anton Günther e.V., Tel.: 04486/8300; Reit- und Fahrschule Oldenburg e.V., Tel.: 0441/42188; Reitstall am Querkanal, Tel.: 0441/862254; Huder Pferdehof, Tel.: 04408/60099.

Rundflug/Flugsport

Motorfliegen kann man mit dem Albatros-Flugdienst vom Flugplatz Hatten, Tel.: 04481/461. Wer lieber durch die Lüfte segelt, der ist beim Luftsportverein Oldenburg/Bad Zwischenahn, Viktoriastraße 10, Tel.: 0441/83812 an der richtigen Adresse.

Wassersport (Segeln/Paddeln/Surfen)

Segeln: Oldenburger Yachtclub e.V. (OYC), Sophie-Schütte-Straße 24, Tel.: 0441/12973 und Oldenburger Wassersportverein (OWS), Sophie-Schütte-Straße 24, Tel.: 0441/13937. Sowohl der OYC als auch der OWS bieten Gast-Liegeplätze an. Paddeln: Kanuabteilung am Achterdiek 1, Tel.: 0441/507872; Yeti Sport und Reisen, Donnerschweer Straße 48, Tel.: 0441/85685 und Biwak- die Outdoor-Spezialisten, Heiligengeiststraße 24, Tel.: 0441/26422. Die Firma Rückenwind-Reisen lädt zu reizvollen Kanutouren ein. Adresse: Sonnenstraße 43, Tel.: 0441/ 885596. Surfen: Auf dem großen Bornhorster See und auf dem Tweelbäker See tummeln sich in den Sommermonaten die Surfer.

Golf

Interessierten gibt der Oldenburgische Golfclub e.V., Am Golfplatz 1, 26180 Rastede,

Auskunft unter der Tel.: 04402/724-0 oder 04402/70417.

Schwimmen

Das Freibad Flötenteich bietet eine 40 Meter lange Wasserrutsche, zwei große Liegewiesen und einen Schwimmpark. Adresse: Am Flötenteich, Tel.: 0441/32828. Das Freibad Hunte liegt nur wenige Gehminuten von der Innenstadt entfernt. Es umfaßt drei Becken unterschiedlicher Größe sowie eine große Liegewiese mit Spielmöglichkeiten. Adresse: Am Schloßgarten, Tel.: 0441/504755. Beide Bäder sind vom 1. Mai bis zum 18. September, in der Zeit von Mo-Do 6.30-21.00 Uhr, Fr-Sa 6.30-19.00 Uhr, Sonn- und Feiertage 8.00-19.00 Uhr geöffnet. Einen überwachten Badestrand findet man am kleinen Bornhorster See. Für das Winterhalbjahr stehen drei Hallenbäder bereit: das Unibad der Carl-von-Ossietzky Universität, Uhlhornweg 49-55, Tel.: 0441/ 79821144; das Hallenbad am Berliner Platz, am Rande der Fußgängerzone, Tel.: 0441/235-2867 und das Hallenbad Kreyenbrück, Brandenburger Straße, Tel.: 0441/ 44292 (es steht der Öffentlichkeit ab 14.00 Uhr zur Verfügung).

Feste und Veranstaltungen

Kulturelles

Das Oldenburgische Staatstheater lädt zu einem facettenreichen Programm mit Musical, Oper, Operette, Schauspiel, Ballett und einem großen Sinfonieorchester ein. Angeschlossen ist die Niederdeutsche August-Hinrichs-Bühne. Anschrift: Theaterwall 28, Tel.: 0441/2225111. Nennenswert sind auch das Figurentheater „Laboratorium" in der Wilhelmstraße 13, Tel.: 0441/16464 und die Kulturetage in der Bahnhofsstraße 11, Tel.: 0441/924800. Besonderer Beliebtheit erfreut sich außerdem das städtisches Kulturzentrum im Peter-Friedrich-Ludwigs-Hospital. Adresse: Peterstraße 1/3, Tel.: 0441/ 2353061. Darüber hinaus lohnt sich ein Besuch des Unikums. Hier werden Konzerte, Präsentationen von Filmen und Kleinkunst geboten. Adresse: Ammerländer Heerstraße 114, Tel.: 0441/7980 (Universität). Eine Neugründung des Jahres 1999 ist die Theater-Fabrik in der Rosenstraße 2, Tel.: 0441/ 9572022. Ein wichtiger Veranstaltungsort ist die Weser-Ems-Halle. Ihre stetig gewachsene Bedeutung für Kultur und Wirtschaft spiegelt sich im breiten Spektrum der hier ausgerichteten Veranstaltungen wider: Wirtschaftsmessen, Fachausstellungen, Tagungen, Bälle, Tanzsport, Theater, Shows und Konzerte. Anschrift: Europaplatz 12, Tel.: 0441/8003-0.

Ostermarkt

Der Ostermarkt findet im April auf dem Schloßplatz/Berliner Platz statt. Sein Rummelplatz-Angebot mit Fahrgeschäften und Karussells spricht vor allem Familien mit Kindern an, die einen attraktiven und gleichzeitig überschaubaren Marktaufbau schätzen.

Kinderbuchmesse

Die Oldenburgische Kinderbuchmesse findet jährlich im November statt. Info-Tel.: 0441/ 2352409.

Hafenfest

Am alten Oldenburger Stadthafen gibt es drei Tage lang (Ende Mai bzw. Anfang Juni) Zünftig-Maritimes mit Marktschreiern, Live-Musik, Karussels, Fischmarkt, „Pötte un Pannen", Spezialitäten für Leib und Seele.

Kultursommer/Töpfermarkt

Der Kultursommer ist Oldenburgs kulturelles Aushängeschild „umsonst & draußen". Von Mitte Juli bis Anfang August ist der Kultursommer ein dreiwöchiges Open-Air-Festival mit bildenden und darstellenden Künsten, Jazz-, Rock- und Popmusik sowie vielen anspruchsvollen Aktionen und namhaften Akteuren aus dem In- und Ausland. Am letzten Wochenende des Kultursommers findet auf dem Schloßplatz der Töpfermarkt statt. Kunsthandwerker aus ganz Deutschland und dem benachbarten Ausland zeigen und verkaufen ihre Erzeugnisse.

Altstadtfest

Das Altstadtfest mit Live-Musik und einem reichhaltigen Speisen- und Getränkeangeboten ist einer der festlichen Höhepunkte der Stadt. Wann? Am letzten Wochenende im August.

Weinfest

Auf dem Weinfest ist Deutschlands Rebensaft in Form von edlen Tropfen und spritzigen Schoppen in seiner ganzen Vielfalt zu erleben. Stimmungsvolle Winzeratmospäre mit Musik und kleinen Speisen sowie Verkostung und Beratung stehen im Mittelpunkt des Festes. Gefeiert wird am Wochenende Mitte September auf dem Waffenplatz.

Kramermarkt

Der Kramermarkt ist das Volksfest der Superlative. Er findet Anfang Oktober auf dem riesigen Freigelände an der Weser-Ems-Halle statt. Geboten werden modernste „Vergnügungsmaschinen" und „Spaßtechnik", 250 Marktgeschäfte aller Art, führende Schaustellerbetriebe und große Bier- und Tanzzelte.

Lambertimarkt

Zu Füßen des Alten Rathauses und der ehrwürdigen St. Lambertikirche zählt der vorweihnachtliche Lambertimarkt zu den schönsten Norddeutschlands. Kunsthandwerk, Spielwaren und Weihnachtsdekorationen prägen seine Angebote unter festlichem Lichterglanz.

Darüber hinaus gibt es zahlreiche Wochenmärkte, Flohmärkte und Schützenfeste. Trödel- und Flohmärkte finden von April bis Oktober auf dem Schloßplatz und von November bis März in der Weser-Ems-Halle jeweils am zweiten Samstag im Monat von 8.00-13.00 Uhr statt. Information: Tel.: 0441/80030. Flohmärkte bei „famila", Info-Tel.: 0441/301063 und Flohmärkte über einen Veranstalter, Information: Tel.: 0441/83982. Schützenfeste prägen in den Stadtteilen das Gemeinschaftsleben. Infos: Ordnungsamt, Osterstr. 15, Tel. 0441/ 2352521.

Ostrhauderfehn
(Landkreis Leer)

Im Jahre 1765 richteten fünf Kaufleute ein Gesuch an den König von Preußen, um im Overledingerland ein neues Fehn anzulegen. Am 19.04.1769 erhielten sie die von Friedrich dem Großen eigenhändig unterschriebene Verleihungsurkunde. Die Eigenständigkeit Ostrhauderfehns läßt sich seit dem Jahre 1874 durch Urkunden und Unterlagen lückenlos nachweisen. Aus ehemals morastigem und unfruchtbarem Ödland schufen die Ostrhauderfehner eine blühende Gemeinde. **Information:** Tourist-Information, Hauptstraße 115, Tel.: 04952/80544.

Sehenswertes

Sehenswert sind die 1896 erbaute Petruskirche in Ostrhauderfehn und die 1865 errichtete St. Martin-Kirche zu Potshausen. Die Orte zeigen eine für die Region typische Fehnstruktur und werden durch langgezogene Reihensiedlungen entlang der Kanäle geprägt. Klappbrücken, Wendebecken und Schleusen geben Einblicke in die Geschichte der Fehntjer. Seit 1993 wird mit viel Aufwand die Mühle in Idafehn, ein Galeriholländer aus dem Jahre 1891, restauriert. Eine Besichtigung der Mühle ist auf Anfrage unter der Tel.: 04952/5646 jederzeit möglich.

Freizeitangebote

Im Ortsteil Idafehn befindet sich der Idasee, ein ca. 9 Hektar großer Naturbadesee mit Campingplatz, Abenteuerspielplatz, Bademöglichkeiten, Tretbootverleih und Wanderwegen. Außerdem dient der Idasee auch als Surfrevier für Anfänger. Weitere Bademöglichkeiten stehen am Langholter Meer und im Lehrschwimmbecken der Grundschule Holtemoor zur Verfügung. Entlang der Deiche und der ausgeschilderten Rad- und Wanderwege kann man Moore und Hammriche „erfahren" oder „erwandern". Angler schätzen die fisch- und artenreichen Gewässer in und um Ostrhauderfehn.

Feste und Veranstaltungen

Im Rathaus der Gemeinde wird jedes Jahr im April die Kulturwoche „Open-Dören-Rathus" mit verschiedenen Themen und Ausstellungen veranstaltet. Jeweils am 3. Wochenende im Juni wird der Volkslauf „Rund um den Idasee" und der „Osterfehntjer Rummel" mit Floh-, Vereins-, Schaustellermarkt mit Karussells auf dem Marktplatz der Gemeinde ausgerichtet. Im Mai findet das jährliche Funkertreffen und Ende Oktober das Straßenfest mit zahlreichen Flohmarktständen entlang der Hauptstraße statt. Die Wohn- und Reisemobile treffen sich im September auf dem Stellplatz am Ostrhauderfehner Rathaus. Am 3. Advent wird alljährlich auf dem Marktplatz der Weihnachtsmarkt eröffnet.

Rastede
(Landkreis Ammerland)

Inmitten der grünen Parklandschaft des Ammerlandes, nur einen Katzensprung von der Nordsee entfernt, liegt der Luftkurort Rastede. Erstmals urkundlich erwähnt wurde der Ort im Jahr 1059, dem Weihjahr der St. Ulrichs Kirche. Bereits ein paar Jahre später, 1090, errichtete man das Benediktinerkloster, in dem bekannte, bis heute erhaltene Schriften, wie der „Codex Rastedensis" und eine Abschrift des „Sachsenspiegels", entstanden. Im Zuge der Reformation überging der Klosterbesitz 1539 an die Grafen von Oldenburg. Die Klosteranlagen wurden zum gräflichen Vorwerk und später zum herzöglichen Landschloß umgestaltet. Bis heute wird

Schloß Rastede mit Schloßpark

Rastedes Ortsbild durch sein historisches Ambiente geprägt. Daß die Zeit hier trotzdem nicht stehengeblieben ist, bemerkt man sofort. Die Oldenburger Straße als beliebte Bummelmeile im Ortszentrum, eine gut ausgebaute Infrastruktur, ein hervorragendes Radwandernetz, gemütliche Unterkünfte und ein großes gastronomisches Angebot erwarten den Rasteder Gast. **Information:** Tourist-Information Rastede, Bahnhof, Rastede, Tel.: 04402/939823, Fax: 04402/1004.

Sehenswertes

Kirchen

Die 1059 geweihte St. Ulrichs Kirche lohnt einen Besuch. Die aus der Gründerzeit der Kirche stammende Krypta, die Wolkenmalerei aus dem Barock und die Emporenmalerei aus dem Rokoko zeugen von einer wechselvollen Geschichte der Kirche. Wahrzeichen des Ortes ist der sich anschließende, freistehende Glockenturm aus dem 15. Jahrhundert. Sehenswert ist auch die nach dem Vorbild der Dominikanerkirche in Vechta-Füchtel erbaute St.-Marien-Kirche, in der 1950 der erste Gottesdienst abgehalten wurde. Besonderes Schmuckstück ist der Taufstein, ein altes Säulenkapitäl aus dem mittelalterlichen Marienkloster.

Schloß Rastede

Rastede war im Mittelalter Sitz eines bedeutenden Benediktinerklosters. Im Zuge der Reformation überging der Klosterbesitz an die Grafen von Oldenburg. Der durch sein diplomatisches Geschick und seine Pferdezucht berühmte Graf Anton Günther von Oldenburg gestaltete die Klosteranlage zur Sommerresidenz um. Nachdem das Oldenburger Land in der Folgezeit an die dänische Krone gefallen war, wurde das Rasteder Schloß an den Justizrat der Römer verkauft. Römer ließen seit 1756 das Lustschloß und die bestehenden Reste des Klosters abtragen und ein Landhaus errichten, das von einem französischen Garten umgeben wurde. Der spätere Herzog Peter Friedrich Ludwig von Oldenburg kaufte das Anwesen im Jahre 1777 zurück und ließ es von seinem Hofarchitekten Carl Heinrich Slevogt zu dem bis heute erhaltenen, klassizistischen Landschloß umgestalten. Bis heute wird es von der herzöglichen Familie als Wohnsitz genutzt und ist somit für die Öffentlichkeit nicht zugänglich.

Schloßpark

Der Schloßpark wurde 1784 von Hofgärtner Carl Ferdinand Bosse im englischen Stil angelegt. Bosse brachte die ersten Rhododendren, die heute zum Wahrzeichen der Region geworden sind, ins Ammerland. Ein Besuch des Schloßparks empfiehlt sich vor allem zur Blütezeit von Ende April bis Mitte Juni.

Erbprinzenpalais

Das 1800 vom Grafen von Schmettau erbaute Erbprinzenpalais befindet sich gegenüber vom Schloß. 1822 erwarb Herzog Friedrich von Oldenburg den eingeschossigen Bau und ließ ihn im Stil des Historismus umgestalten. Mitte der 1980er Jahre wurde das Gebäude restauriert. Seitdem wird es als Kulturzentrum für überregional bedeutende Kunstausstellungen und Zimmertheateraufführungen genutzt. Seit November 1998 wird im Obergeschoß die Dauerausstellung „Blick ins Ammerland" gezeigt.

Bauernmuseum

In dem aus dem Jahr 1666 stammenden Fachwerkhaus „Jan Pastor sin Hus" wurde ein landwirtschaftlich historisches Museum eingerichtet. Es zeigt eine einzigartige Sammlung von Gerätschaften und Gegenständen aus dem landwirtschaftlichen Leben der vergangenen zwei Jahrhunderte. Adresse: Brötjehof (ehemals Fabriciushof), Raiffeisenstraße. Öffnungszeiten: Fr und So 14.00-18.00 Uhr und nach Absprache. Tel.: 04402/ 81261.

Traditionelles Handwerk

„Traditionelles Handwerk – ganz modern" lautet das Motto, unter dem Sie die Rasteder Handwerksbetriebe zu einem Besuch einladen. Anschriften: Drechslerei Hobbensiefken (Mühlenstraße, Tel.: 04402/2146), Blaudruckerei Knaak (Schloßstraße 14, Tel.: 04402/51048), Drechslerei (Mühlenstraße 11, Tel.: 04402/2146), Fleischräucherei (Wilhelmshavener Straße 271, Tel.: 04402/7244) und Imkerei Sandkuhl (Wallstraße 12, Tel.: 04402/70397).

Freizeitangebote

Wandern/Radfahren

Spaziergänger kommen vor allem im romantischen Schloßpark auf ihre Kosten, der mit seinem Trimmpfad auch für Jogger interessant ist. Da Rastede an das überregionale Radfernnetz angeschlossen ist, bietet es neben kurzen auch längere Rundwege an. Kartenmaterial und ausgearbeitete Touren (z.B. die Ammerland Route) hält die Tourist-Information für Sie bereit.

Schwimmen

In den Sommermonaten können Sie das Freibad Rastede (Mühlenstraße) und das Naturbad Hahn (An der Badeanstalt in Hahn-Lehmden) besuchen. Im Winter steht das Hallenbad im Palaisgarten (Schloßstraße) zur Verfügung.

Feste und Veranstaltungen

Einen Namen hat sich Rastede insbesondere auch als Veranstaltungsort gemacht. Jährlich finden hier auf dem Turnierplatz im Schloßpark Großveranstaltungen wie das „Mittelalterliche Spectaculum" (Anfang Juni), die Rasteder Theatertage (Ende Juni), die Internationalen Rasteder Musiktage (Anfang Juli), das Oldenburger Landesreitturnier (Ende Juli), die Pferderenntage (im Juni und September) und das Internationale Grasbahnrennen für Motorsportfans (im August) statt. Schützen-/Volksfeste und plattdeutsche Theateraufführungen runden das Veranstaltungsprogramm ab.

Rhauderfehn
(Landkreis Leer)

Die Gemeinde Rhauderfehn entstand 1973 im Zuge der Gebietsreform durch den Zusammenschluß von zehn ehemals selbständigen Orten. Von Rhaude, der Muttergemeinde des späteren Rhauderfehns, ist schon zur Zeit Karl des Großen die Rede. Im 17. Jahrhundert war Rhaude Ausgangspunkt für die Anfänge der Kolonisten in den südlich gelegenen Hochmooren. Der Ortsteil Collinghorst ist vermutlich die älteste Siedlung des Overledingerlandes. Prähistorische Funde geben

Hinweise darüber, daß das Gebiet bereits zur Jungsteinzeit (3000 – 1800 v.Chr.) von Menschen bewohnt war. Die größte Ortschaft der Gemeinde ist Westrhauderfehn. Hauptzweck der 1769 vom preußischen König veranlaßten Fehngründung war der Abbau des Moores und die damit verbundene Torfgewinnung, die damals noch reichlich Gewinn versprach. So ist es nicht verwunderlich, daß die Initiatoren der Fehngründung Emder Kaufleute waren. Im Jahre 1877 nahm Westrhauderfehn nach der Zahl der Seeschiffe den 20. Platz unter allen deutschen Heimathäfen ein – vor Leer, Wismar, Swinewmünde, Lübeck, Altona und Bremerhaven. **Information:** Gemeinde Rhauderfehn, Rathaus, 1. Südwieke 2a, Rhauderfehn, Tel.: 04952/903-0 oder Rhauderfehn-Information, Rajen 3, Tel./Fax: 04952/8700.

Sehenswertes

Kirchen

Die aus dem 13. Jahrhundert stammende St. Laurentius- und Vincenz-Kirche in Backemoor ist weit über die Gemeindegrenzen hinaus bekannt. Der schöne, helle Kirchraum mit Altar und Kanzel sowie eine Wenthin-Orgel von 1783 laden zum Gottesdienst, zur Stille und zum Gebet ein. In lockerer Folge finden Kirchenkonzerte statt. Information: Kulturring Rhauderfehn, Tel.: 04952/903179. Kirchenbesichtigung: Pastor Köhler, Groot Karkweg 10, Tel.: 04955/1017 oder Küsterin I. Smidt, Feldhörnstraße 48, Tel.: 04955/5189. Die Collinghorster Kirche ist eine der ältesten im Overledinger Land. Der älteste Teil der Kirche ist das um 1300 erbaute Kirchenschiff. Chor und Turm stammen aus dem 15. bzw. 16. Jahrhundert. In den 1950er Jahren wurde die Kirche grundlegend

Die Kirche in Westrhauderfehn

renoviert und umgestaltet. Kirchenbesichtigung: Pastor B. Westphal, Pastor-Schuver-Straße 5, Tel.: 04952/921270 oder Küsterin L. Dänekas, Südstraße 2, Tel.: 04952/2414. Hervorzuheben sind außerdem die im neuklassizistischen Stil erbaute Kirche in Westrhauderfehn, die mit 52 Metern den höchsten Turm Ostfrieslands besitzt (Kirchenbesichtigung: Evangelisch-lutherische Kirchengemeinde Westrhauderfehn, Pfarrbüro, Untenende 3, Tel.: 04952/8886), und die 1852/53 erbaute Kirche zu Langholt. Im Jahr 1906 wurde das Gotteshaus durch den Anbau eines Kreuzschiffes und eines Chorraums erweitert. Im Altar sind Reliquien der heiligen Märtyrer Leopardus und Micinus, die im 4. Jahrhundert der Christenverfolgung zum Opfer fielen, sowie des heiligen Nikolaus von

Das Fehn- und Schiffahrtsmuseum in Westrhauderfehn

Flüe eingeführt. Durch die vierzehn bleiverglasten Doppelfenster verbreitet sich im Kirchenschiff eine festliche Atmosphäre. Kirchenbesichtigung: Pastor H. Eilers, Kirchstraße 11, Tel.: 04952/8501 oder Schwesternhaus, Tel.: 04952/8509.

Museum

Das Fehn- und Schiffahrtsmuseum präsentiert die Vergangenheit von der Urbarmachung der Moore über die Blütezeit der Fehntjer Seefahrer bis hin zur Rhauderfehner Schiffbautradition. Auch das im Kanal vor dem Museum befindliche Plattbodenschiff „Engelina" erinnert an frühere Tage. Öffnungszeiten: Mi-Sa 10.00-12.00 Uhr und 14.30-17.00 Uhr, So 11.00-12.30 Uhr und 14.30-18.00 Uhr, von Mai bis September auch dienstags geöffnet. Adresse: Fehn- und Schiffahrtsmuseum Westrhauderfehn, Rajen 5 (direkt an der Deutschen Fehnroute), Tel.: 04952/903280.

Kunstausstellungen

Der Kulturring Rhauderfehn e.V. führt zusammen mit dem Kunstkreis regelmäßig Kunstausstellungen durch. Neue Künstler sind gerne willkommen. Ansprechpartner: Kunstkreis Rhauderfehn, Herr H. Dierks, Tel.: 04498/2135.

Mühlen

Drei Windmühlen prägen das Gesicht der Landschaft. Der zweistöckige Galerieholländer „Hahnentange" aus dem Jahre 1864 war bis 1968 in Betrieb. Nach einer gründlichen Restaurierung ist er heute wieder funktionsfähig und bietet Raum für Kunstausstellungen. Adresse: Mühle Hahnentange, Westrhauderfehn, 1. Südwieke 207, Tel.: 04952/2169 oder 04952/8700; Öffnungszeiten: von März bis zum 3. Advent So und feiertags von 14.00-18.00 Uhr. Sehenswert ist auch der auf das Jahr 1852 datierende Galerieholländer in Rhaude. Nachdem sich seine Flügel 100 Jahre drehten, drohte das Bauwerk zu verfallen bis sich ein Mühlenverein seiner annahm. Heute wird die Mühle als Veranstaltungs- und Ausstellungsraum genutzt. Adresse: Mühle Rhaude, Rhauder Mühlenweg 13, Rhaude, Tel.: 04952/2913. Eine Besichtigung der Mühle ist jederzeit auf Anfrage möglich. Die dritte nennenswerte Mühle befindet sich in Burlage. Hier ist heute ein naturkundliches Museum untergebracht. Die Mühle stammt aus dem Jahre 1824 und mußte 1995 vollständig wiederaufgebaut werden. Adresse: Mühle Burlage, Landesstraße 58, Burlage, Tel.: 04952/8700; Öffnungszeiten: So 14.00-17.00 Uhr oder nach Vereinbarung. Der Schlüssel kann im Nachbarhaus geholt werden, Tel.: 04967/318. Nähere Auskünfte erteilen die Tourist-Information oder die betreuenden Vereine: Mühlenverein Hahnentange e.V., Tel.: 04952/2169; Möhlenkring Rhaude/Holte, Tel.: 04952/2913; Heimatbund Burlage e.V., Tel.: 04967/288.

Die Mühle „Hahnentange"

Freizeitangebote

Paddeln/Rudern

„Hier starten – dort abgeben und umsteigen" lautet das Motto eines Aktivwochenendes, bei dem man drei Tage lang die Natur mit „Paddel und Pedal" erleben kann. Sie können in Rhauderfehn in ein Kanu steigen und mit ablaufendem Wasser auf der Leda nach Leer paddeln, wo Sie aufs Rad umsteigen und dann entlang der Deiche nach Stickhausen radeln. Von dort geht es wieder mit einem Kanu mit dem auflaufenden Wasser auf der Jümme zur Leda und über den Hauptfehnkanal zurück nach Rhauderfehn.

Wandern/Radfahren

Die Gemeinde Rhauderfehn bietet ganzjährig Fahrradtouren auf gut ausgebauten Wirtschaftswegen an. Ausführliche Radfahr- und Wanderinformationen sind bei der Gemeinde Rhauderfehn erhältlich (Tel.: 04952/8700). Information: Rhauderfehn-Information oder Information und Buchung Touristik GmbH „Südliches Ostfriesland", Bergmannstraße 27, Leer, Tel.: 0491/9791240.

Schiffsfahrten

Während Halb- oder Ganztagestörns fahren Schiffe vom Anleger in Nettelburg nach Stickhausen, Ditzum oder bis in die Niederlande. Information: Skippercrew „Buten und Binnen", W. Hanneken, Tel.: 04952/5476 oder Rhauderfehn-Information, Tel.: 04952/8700.

Segeln

Wer einen Segel-Törn mit der Tjalk „Ebenhaezer" starten möchte, kann sich an folgende Adresse wenden: Schiffergilde Rhauderfehn e.V., Tel.: 04952/8700 und 2767.

Schwimmen

Ein beheiztes Freibad im Freizeitzentrum am Langholter Meer lädt zum Schwimmen und Baden ein. Öffnungszeiten: Mo-Fr 9.00-20.00 Uhr, Sa 9.00-18.00 Uhr, So 10.00-18.00 Uhr.

Reiten

Information: Burlage, Freitagstraße 41, Tel.: 04967/1343; Glansdorf, Glansdorfer Straße 30, Reitergemeinschaft Rhauderfehn, Tel.:

04952/81299; Reit- und Fahrverein Rhauderfehn, Tel.: 04952/990336.

Torflorenfahrt

Wenn Sie sich für die Moorlandschaft interessieren, können Sie an einer Torflorenfahrt teilnehmen. Unterwegs erfahren Sie alles Wissenswerte über die Kultivierung dieser einst so wilden Gegend und das „braune Gold", das den Bewohnern jahrelang als Brennmaterial diente. Info-Tel.: 04952/8700.

Seniorensport

In Rhauderfehn gibt es eine Vielzahl von Sportvereinen und sonstigen Gruppen, die auf Senioren abgestellte Programme und Übungsstunden anbieten (z.B. Bewegungsübungen, Boßeln, Gymnastik, Fußball und Schwimmen). Auskünfte erteilen die örtlichen Sportvereine oder die Gemeinde Rhauderfehn, Tel.: 04952/903-171.

Feste und Veranstaltungen

Kulturelles

Im Kulturhaus „Alter Brunsel" werden regelmäßig Theater- und Kleinkunstveranstaltungen angeboten. Auskunft: Freie Bildungsstätte „Alter Brunsel", Alter Brunsel 8, Rhauderfehn-Burlage, Tel.: 04967/914060. Außerdem haben sich in der Gemeinde zahlreiche Theatergruppen gebildet, z.B. die Theatergruppe Feierabend Rhaudermoor e.V., Tel.: 04952/921906; Theatergruppe Burlage SV Burlage, Tel.: 04967/1343; Theatergruppe „De Rhauderfehner Greßhüpkes", Tel.: 0172/4342847; TAG – Theaterpädagogische AG Ostfriesland, Junge

Theaterschule Rhauderfehn, Tel.: 04952/8709; Theatergruppe des Heimatvereins Overledingerland e.V., Tel.: 04952/3518. Des weiteren laden die Overledinger „Theaterfreunde" zu einem Besuch des Oldenburgischen Staatstheaters ein. Die „Theaterfreunde" organisieren Eintrittskarten und bieten Mitfahrgelegenheiten in Bussen an. Organisation und Auskünfte: H. Strack, Tel.: 04950/2668 oder F. Mohwinkel, Tel.: 04952/81673 oder H. Focken, Tel.: 04955/92930. Der Kulturring Rhauderfehn e.V. führt regelmäßig musikalische Veranstaltungen (Konzerte, Liedervorträge) durch. Das Programmheft ist erhältlich beim Geschäftsführer des Kulturrings, Herrn J. Furch, Rathaus Rhauderfehn, 1. Südwieke 2a, Tel.: 04952/903-180.

Festivitäten

In Rhauderfehn herrscht ein reges Vereinsleben. In über 130 Vereinen sind Bürger der Gemeinde ehrenamtlich tätig, um Freizeitangebote zu schaffen. Es gibt kaum ein Wochenende in den Sommermonaten, an dem kein Dorf- und Volksfest sowie Schützen- und Feuerwehrfest stattfindet. Darüber hinaus gibt es noch das Erntedankfest, Sportfeste in fast allen Ortsteilen und vieles mehr. Auskünfte erteilt die Gemeinde oder der Veranstaltungskalender.

Sande
(Landkreis Friesland)

Die Gemeinde Sande liegt mitten in Friesland. Geographisch ist hier das Tor zum Jeverland, aber auch zur nahen Nordseestadt Wilhelmshaven. Vor vielen tausend Jahren begannen

Menschen das fruchtbare, friesische Marsch-
gebiet zu besiedeln. Die ersten Deiche wurden
im 11. Jahrhundert errichtet, um dem Meer
Land abzuringen und um den Lebensraum der
Menschen zu sichern. Doch oft gewannen die
Naturgewalten diesen Kampf. Jedoch gerade
die Meereseinbrüche dieser Zeit sind ursäch-
lich für die Entstehung des kleinen Sielhafen-
ortes Neustadtgödens um das Jahr 1544. Als
Zufluchtsstätte für Glaubensflüchtlinge entstanden hier auf kleinstem Raum fünf mächti-
ge Kirchengebäude. Die Ortschaft Sande findet ihre erste urkundliche Erwähnung im Jahre 1168. Das heutige Gemeindegebiet
entstand im Jahre 1530 aus den Resten meh-
rerer Kirchspiele. Im Zuge der Gebietsreform
im Jahr 1972 kam schließlich das ehemals
selbständige Gödens zur Gemeinde Sande
hinzu. Heute umfaßt die Gemeinde die Orte
Sande, Neustadtgödens, Cäciliengroden, Mariensiel und Dykhausen. Das noch junge, direkt hinter dem Deich gelegene Cäciliengroden stammt aus dem Jahre 1938/40. Benannt
wurde Cäciliengroden nach der im Jahre 1844
verstorbenen Großherzogin Cäcilie von Oldenburg. **Information:** Gemeinde Sande,
Freizeitamt, Tel.: 04422/9588-14.

Sehenswertes

Marienturm

Der Marienturm des ehemaligen Schlosses
(1568-1571) in Altmarienhausen ist das
Wahrzeichen der Gemeinde Sande. Fräulein
Maria zu Jever ließ als Herrscherin des Jeverlandes in Sande-Marienhausen noch im
hohen Alter auf ihrem herrschaftlichen
Landgut in Marienhausen ein Sommer-
schloß errichten. Heute gehört das Anwesen
der Gemeinde. Der Schloßturm kann besichtigt werden. Untergebracht sind hier ein

Der Marienturm in Sande

gemütliches Cafe-Stübchen und ein Schmie-
demuseum. Info-Tel.: 04422/9588-14.

Kirchen

Der hübsche Backsteinbau der Sander St.
Magnus-Kirche ist im romanischen Stil im
14. Jahrhundert erbaut worden. Der freistehende Glockenturm wurde erst später errichtet. Die Schießscharten stammen aus der Zeit
als Fehden in Friesland noch an der Tages-
ordnung waren. Altar, Kanzel und Taufstein
datieren auf das 17. Jahrhundert und sind
Geschenke einer begüterten Sander Familie.
Anschrift: Hauptstraße 72, Tel.: 04422/642.
Ein Abstecher lohnt sich auch nach Dykhausen zur Jakobi-Kirche. Die durch einen hohen Kirchturm auffallende Backsteinkirche
steht auf einer hohen Warf, um gegen Sturm-

Die St. Magnus-Kirche in Sande

fluten damaliger Zeiten geschützt zu sein. 1942 wurde sie durch eine Sprengbombe stark zerstört und erst im Jahr 1950 wieder aufgebaut. Anschrift: Gödenser Straße 38, Tel.: 04422/690. Sehenswert sind außerdem die evangelisch-lutherische, die katholische und die reformierte Kirche in Neustadtgödens. Das evangelisch-lutherische Gotteshaus stammt aus dem Jahr 1695. Neunzehn Jahre später wurde der stattliche Turm, das Wahrzeichen Neustadtgödens, als Ersatz eines kleinen Dachreitertürmchens angebaut. Ihn ziert ein schönes Sandsteinportal, das vom Wappen des Grafen Burchard Philipp von Fridag und von einem frommen Bibelspruch gekrönt wird. Kaum hatten die Lutheraner ihren schönen Kirchturm errichtet, als im folgenden Jahr (1715) die Neustadtgödenser reformierte Gemeinde ans Werk

ging. Zuvor existierte für sie nur die Jakobi-Kirche in Dykhausen, die sie jedesmal zu einem weiten Weg zwang. Nun sollte in Neustadtgödens eine reformierte Kirche erbaut werden. Ihr heutiges Aussehen entspricht leider nicht mehr dem Urzustand. Ein Sandsteinportal von der Art der evangelisch-lutherischen Kirche ist auch hier zur Straße hin angebracht. Letztes Zeugnis des ehemals vorhandenen barocken Turms ist die kupferne Kirchturmspitze mit Wetterfahne, die im Heimatmuseum zu bewundern ist. Heute ist das Gebäude in Privathand und wird als Wohnung genutzt. Sehenswert ist auch die 1716 dem heiligen Joseph geweihte katholische Kirche. An der Ostseite steht ein kleiner Kirchturm, dessen Glocken noch heute zum Gottesdienst rufen. An der Westseite wurde ein Kirchhof angelegt. Bemerkenswert ist, daß mit diesem Kirchenbau zum ersten Mal wieder ein katholisches Gotteshaus seit der Reformation in Ostfriesland errichtet worden ist. Sie ist die älteste katholische Kirche der Nachreformationszeit in Ostfriesland. Anschrift: Paterei 4, Neustadtgödens.

Historischer Ortskern Neustadtgödens

Der Kern Neustadtgödens wurde aufgrund seines einmaligen, alten niederländischen Baustils unter Denkmalschutz gestellt. Beim Gang durch die Straßen kann man sich gut das frühere Leben und Treiben vorstellen. Die eng aneinander stehenden Häuser mit anschließenden großen Lagergebäuden, Werkstätten und Ställen weisen immer noch auf die einstige Betriebsamkeit der Bewohner hin. Im Rahmen einer Dorferneuerung sind die Straßen und viele Privathäuser stilgerecht verschönert und saniert worden.

Wasserschloß Gödens

Von der Jadeküste braucht man nur 16 Kilometer zurückzulegen, um eines der größten und schönsten Wasserschlösser Nordwestdeutschlands kennenzulernen: das Schloß Gödens. Es wurde im Jahre 1571 von Haro Burchard Graf von Fridag erbaut. Der zweiflügelige Bau im Stil des niederländischen Barocks ist im Laufe der Jahrhunderte zu seiner jetzigen Schönheit gestaltet worden. Heute ist das Schloß im Privatbesitz und kann deshalb nur von außen besichtigt werden. Die jährlich stattfindenden Schloßkonzerte ermöglichen jedoch auch einen Inneneindruck vom Schloß. Der Schloßpark mit Mausoleum ist von Montag bis einschließlich Freitag jedermann zugänglich.

Die ehemalige Synagoge in Sande

Heimatmuseum Neustadtgödens

Das alte Landrichterhaus datiert auf die Zeit um 1560. 1984 konnte das Backsteingebäude mit großem Aufwand und nach umfangreicher Sanierung vor dem Verfall bewahrt werden. Heute beherbergt es das Heimatmuseum Neustadtgödens. Eine eingerichtete Amtsstube, der frühere Gerichtssaal und viele andere Objekte und Dokumente belegen die frühere Nutzung des Gebäudes als Stätte der Justiz und zeigen die wechselvolle Deich- und Küstenentwicklung der Region in früheren Jahrhunderten. Besonders sehenswert ist das „Schwarze-Brack-Zimmer", in dem die Vergangenheit der großen Sturmfluten wieder lebendig wird. Anschrift: Brückstraße 19, Tel.: 04422/4199; Öffnungszeiten: Mi und So 15.00-18.00 Uhr (April bis Oktober).

Ausstellungen

Die ehemalige, 1852 erbaute Synagoge Neustadtgödens wird heute als Galerie für Künstlerausstellungen genutzt. Anschrift: Kirchstraße 47, Tel.: 04422/4360; Öffnungszeiten: Mi, Sa und So 15.00-18.00 Uhr.

Antik-Café/ehemalige Mennoniten-Kirche

In einer unter Denkmalschutz stehenden ehemaligen Mennoniten-Kirche aus dem Jahre 1741 ist heute ein hübsches Antik-Café eingerichtet worden. Lage: Brückstraße.

Sielhafenanlage Mariensiel

Die Sielhafenanlage stammt aus dem 16. Jahrhundert und diente der Entwässerung des Binnenlandes über die Maade. Durch die günstige Verbindung zur Nordsee entstand der Sielhafenort Mariensiel. Handel und Wandel erfuhren mit der Errichtung der Eisenbahnstation im Jahre 1867 ihren Höhepunkt. Das Siel verlor jedoch später seine Bedeutung und verfiel. Heute steht eine Restanlage unter Denkmalschutz.

Mühlen

Die 1764 erbaute Oberahmer Kornmühle gehört heute zu Neustadtgödens. Damals war dieses Gebiet dem Jeverland unterstellt, das Fräulein Maria von Jever im Jahre 1575 dem Grafen von Oldenburg vererbte. Im Jahre 1744 fielen die Grafschaft Ostfriesland und somit auch die Herrlichkeit Gödens an das Königreich Preußen. Trotz der bleibenden Rechte des Gödenser Herrscherhauses galt der Oberrahm als „ausländisch".

Wasserschöpfmühle auf dem Wedelfeld

Dokumentiert wird dies durch einen an der Grenze aufgestellten Rollbaum (Schlagbaum). Ein kleiner Weg, „Pörtnersweg", weist heute noch auf diese Stelle hin. Sehenswert ist auch die alte, auf dem Deich errichtete Wasserschöpfmühle Wedelfeld, ein Erdholländer aus dem Jahr 1844. Ihre Aufgabe war die Entwässerung von tiefer liegenden Ländereien. Die Wedelfeldmühle gilt als einzigartiges technisches Baudenkmal zwischen Weser und Ems. Sie ist der Öffentlichkeit zugänglich und wird vom örtlichen Heimatverein betreut. Tel.: 04422/ 3590, Neustadtgödens.

Freizeitangebote

Wandern/Radfahren

Es werden ausgearbeitete Touren für jede Kondition angeboten. Besonders zu empfehlen ist ein Spaziergang durch die Salzwiesen auf den Lehrpfaden bei Cäciliengroden. Sachkundige Führungen und geführte Wattwanderungen werden von der Kurverwaltung Dangast angeboten. Information: Gemeinde Sande, Freizeitamt.

Surfen

Der 15 Hektar große Sander See hinter dem Krankenhausgelände ist ideal für Anfänger. Diejenigen, die sich bereits auf dem Brett halten können, sollten es auf dem nahegelegenen Jadebusen versuchen.

Angeln

Die Gemeinde Sande stellt im Ordnungsamt Fischereischeine für den Sander See aus. Im See sind unter anderem Aale, Hechte, Zander und Karpfen vorhanden.

Paddeln

Der Ems-Jade-Kanal lädt zum Paddeln ein. Der geübte Paddler kann über das Emder, Friedeburger und Ellenser Tief Dangast erreichen und von dort aus, über den Jadebusen hinaus, zurück zum Start paddeln. Direkt am Kanal liegt der Kanu- und Segelverein, der weitere Auskünfte erteilt.

Klettern

Ein Hochbunker am Bahnhof in Sande, bei Kriegsschluß gesprengt, aber nicht umgefallen, ist durch die Sektion Wilhelmshaven des Deutschen Alpenvereins zu einem Kletterübungsrefugium hergerichtet worden. Am „Monte Pinow" wird deshalb fleißig geklettert geübt. Information: Tel.: 04423/2893.

Boßeln

Fünf Boßelvereine der Gemeinde bieten nach vorheriger Anmeldung das Erlernen der Sportart an. Information: Boßel- und Klootschießerverein „Einigkeit Sanderrahm", Tel.: 04422/3217 oder Boßel- und Klootschießerverein „Freesenspeel" Sande e.V. Tel.: 04422/3340.

„Marienstübchen-Diplom"

Das „Diplom" besteht aus folgenden Disziplinen: Boßeln, Tünnbandlaufen, Plattdeutsche Texte vorlesen, Granat- und Bohnenpulen, Teebeutelweitwurf, Padstock springen und Besteigung des Marienturms. Informationen erteilt der Bürgerverein Sande, Tel.: 04422/1287, Ulmenweg 25.

Feste und Veranstaltungen

Sander Markt

Der Jahrmarkt in der Ortsmitte Sande hat als Volksfest Tradition und findet seit 50 Jahren statt. Alle fünf Jahre gibt es einen großen Festumzug, an dem sich die Sander Vereine beteiligen. Veranstaltungsmonat: Juli.

Mühlenwette

Alles dreht sich um eine historische Wasserschöpfmühle, die der örtliche Heimatverein pflegt und hegt. Einmal im Jahr treffen sich Vereine, die dann wetten, ob sich die Mühle dreht oder nicht, was jeweils vom Wind abhängig ist. Information: Tel.: 04422/4504. Nähere Informationen erteilt das Freizeitamt der Gemeinde Sande.

Schortens
(Landkreis Friesland)

Der Name der Gemeinde Schortens geht auf einen alten Familiennamen zurück. In den Urkunden früherer Zeiten wurde Schortens erstmals im Jahre 1158 erwähnt. Anlaß war der Bau der St.-Stephans-Kirche (1153), ältestes Bauwerk des Jeverlandes. Die Wappenfigur der Gemeinde Schortens, das Pferd, verweist auf die im Mittelalter berühmte Pferdezucht der Oestringer. Mit dem springenden Pferd wird aber auch die Erinnerung an das sog. Wunderpferd des Jürgen Schemering auf dem Gut des Klosters Oestringerfelde wach. Auf Schemering wurde 1707 eine große Medaille geprägt, die sich heute im Heimatmuseum zu Jever befindet. Ein neueres Gesicht erhielt die Gemeinde durch Einflüsse, die auf die Entstehung von Wilhelmshaven zurückzuführen sind. Durch Ausbau der Infrastruktur entwickelte sich rege Siedlungskultur. Nach dem Zweiten Weltkrieg setzte eine starke Bevölkerungsentwicklung in Schortens ein. Mehr als 4000 Heimatvertriebene kamen in das Gemeindegebiet. Der Aufbau der Olympiawerke im Ortsteil Roffhausen unmittelbar vor den Toren Wilhelmshavens förderte die Einwohnerzahl. Das Ortszentrum der Gemeinde Schortens ist Heidmühle.
Information: Verkehrsverein Schortens, Tel.: 04461/80198 oder Rathaus Heidmühle, Oldenburger Straße 29, Tel.: 04461/982-0.

Sehenswertes

Kirchen

Die 1233 im romanischen Stil aus Granitquadern erbaute St.-Florians-Kirche in Sillenstede ist die größte und am reichsten ausgestattete Kirche des Jeverlandes. Besonders sehenswert sind der Passionsaltar mit wertvollen Holzschnitzarbeiten, ein aus Sandstein gehauener Taufstein von 1250, die Orgel aus dem Jahre 1757, die Kanzel, die mit ihren ältesten Teilen aus dem 17. Jahrhundert stammt, die Kirchenstühle aus dem 18. Jahrhundert sowie zahlreiche Malereien aus dem Barock, Rokoko und der Renaissance. Öffnungszeiten: 9.00-18.00 Uhr, Führungen für Gruppen finden nach Vereinbarung statt. Information und Anmeldung: Kirchenbüro, Tel.: 04423/991633. Hervorzuheben ist auch die 1153 im romanischen Baustil errichtete Stephanus-Kirche in Alt-Schortens. Das Gotteshaus ist eines der ältesten Bauwerke des Jeverlandes. Besichtigung und Information: Tel.: 04464/80001, Führungen: Frau Nöldeke, Tel.: 04461/81106. Lohnend ist außerdem ein Abstecher nach Accum, wo sich eine evangelisch-reformierte Kirche aus dem Jahr 1718 befindet. Sie birgt den kostbaren Grabstein des Häuptlings Tido. Er hat im 16. Jahrhundert die Reformation eingeführt. Besichtigungen sind nach Absprache mit Pastor Schock möglich, Tel.: 04423/991703.

Accumer Mühle

In der 1746 erbauten Accumer Mühle wird nach Vollendung des Umbaus seit 1994 in einem besonderen Backhaus wieder Brot nach traditioneller Arbeitsweise hergestellt. Die benachbarte, renovierte Mühlenscheune bietet Platz für kulturelle und gesellige Veranstaltungen.

Heimatstuben

In den Heimatstuben, gelegen in der Jadestraße 8 in Heidmühle, erinnern viele wertvolle und schöne Gegenstände an die Heimat der aus den deutschen Ostgebieten Vertriebenen. Der Heimatverein zeigt Wissenswertes aus Schortens und seinen Ortsteilen. Öffnungszeiten: Fr 15.00-17.00 Uhr, Information: Herr Böhm, Tel.: 04461/80251.

Freizeitangebote

Freizeitgelände

Auf dem Freizeitgelände „Huntsteert" (in Heidmühle, beim Forst Upjever) befindet sich ein ca. 8000 Quadratmeter großer Fischteich, ein Trimmpfad, eine BMX-Anlage, ein Grillplatz sowie eine gemeindeeigene Scheune für Kleintierzüchter.

Schwimmen

Das Freizeit- und Erholungsbad „Aqua toll" mit einer 50 Meter langen Wasserrutsche, Whirlpool, Wasserspielgarten, Erlebnisbecken, irisch-römischem Dampfbad, Sonnengalerie und einem Naturfreibad lädt zu einem Besuch ein. Adresse: Beethovenstraße 37, Heidmühle, Tel.: 04461/81555. Öffnungszeiten: Mo 13.15-16.00 Uhr, Di-Fr 14.00-22.00 Uhr, Sa 10.00-22.00 Uhr, So 10.00-20.00 Uhr, Mi und Fr Frühbaden 6.30-8.00 Uhr. In den Sommermonaten erfreut sich das Naturfreibad an der B 210 in Heidmühle großer Beliebtheit. Öffnungszeiten: Mitte Mai bis Mitte September Mo-Fr 9.00-20.00 Uhr, So 9.00-19.00 Uhr.

Sport

An der Beethovenstraße in Heidmühle befindet sich ein Sportstadion mit einer Kunststofflaufbahn und Tribünenplätzen sowie vielen weiteren Sportplätzen und Sporthallen. Information: Frau Poppinga, Gemeinde Schortens, Tel.: 04461/982200. Außerdem sind eine Tennissportanlage und ein Bowlingcenter vorhanden.

Feste und Veranstaltungen

Besonders erwähnenswert sind der Schortenser Straßenlauf im April, die Schützenfeste in den Ortsteilen Sillenstede und Accum, der Kramermarkt in Heidmühle am letzten Wochenende im Juni, der „Kultursommer" am Bürgerhaus, das Dörpfest in Sillenstede im Juli/August, das Brunnenfest in Grafschaft im August/September, das Oktoberfest am letzten Wochenende im September und der Weihnachtsmarkt in Heidmühle. Kultureller Mittelpunkt der Gemeinde Schortens ist das Anfang 1987 fertiggestellte Bürgerhaus in Heidmühle. Dort finden Veranstaltungen aller Art vom Schauspiel über Konzerte bis hin zum Ball statt. Nähere Informationen sind unter folgender Anschrift erhältlich: Veranstaltungszentrum der Gemeinde Schortens, Weserstraße 1, Tel.: 04461/80198.

Spiekeroog
(Landkreis Wittmund)

Spiekeroog ist ein staatlich anerkanntes Nordseeheilbad mit langer Tradition und Erfahrung. Vor gut 600 Jahren, am 11. September 1398, wurde die Ostfriesische Insel Spiekeroog erstmals urkundlich erwähnt. Im Mittelalter versteckten der Legende nach Klaus Störtebeker und seine Kumpanen ihre Beute auf der Speicherinsel („sieker" bedeutet Speicher, „oog" heißt Insel) – aber dies ist historisch eher fraglich. Die ersten Badegäste segelten bei günstigem Wind mit einer Fähre vom Festland zur Insel hinüber. Dort ging das

Schiff vor Anker, denn einen Anleger gab es erst seit 1891. Um trockenen Fußes ins Dorf zu gelangen, mußten die Besucher einen einachsigen Karren besteigen, eine sogenannte „Wüppe". Noch heute heißt der Weg, der vom Hafen ins Dorf führt, „Wüppspoor". 1986 wurden große Teile des Niedersächsischen Wattenmeeres zum Nationalpark erklärt und damit unter Naturschutz gestellt. Übrigens: Spiekeroog ist autofrei! Garagen sind in Neuharlingersiel vorhanden. Im Hafen Neuharlingersiel und auf dem Deichvorland stehen Tagesparkplätze zur Verfügung. **Information:** Nordseebad Spiekeroog, Kurverwaltung und Schiffahrt, Noorderpad 25, Tel.: 04976/9193-0, Fax: 04976/9193-47.

Dorfführungen

Dorfführungen finden von März bis Anfang November mindestens einmal wöchentlich statt. In unregelmäßigen Abständen werden auch Inselfahrten per Kutsche angeboten. Information: Nordseebad Spiekeroog GmbH, Kurverwaltung und Schiffahrt, Noorderpad 25, Tel.: 04976/9193-0.

Sehenswertes

Besonders sehenswert sind die Zeugen der wechselvollen Geschichte, wie z.B. die Alte Inselkirche, die schon seit über dreihundert Jahren Wind und Wetter standhält, oder das Alte Inselhaus, das bereits um 1700 entstand. Die Aussichtsdünen am Slurpad und am Hellerpad gewähren einen weiten Blick über die gesamte Insel, auf die offene Nordsee, zu den Nachbarinseln und auf das Festland. Außerdem lohnt sich ein Besuch des Aquariums und des Museums der Hermann Lietz-Schule (Tel.: 04976/91000), des Inselmuseums mit historischen und naturkundlichen Exponaten

(Noorderloog 1) und des Kuriosen Muschelmuseums in der Strandhalle (Tel.: 04976/428). Die jeweiligen Öffnungszeiten werden über Aushänge bekannt gegeben. Zudem werden während der Saison im Foyer der Inselhalle und des Kursaals wechselnde Ausstellungen präsentiert.

Freizeitangebote

Boßeln/Boule

Boßeln: Das Sport- und Spielteam bietet Ihnen die Möglichkeit, Ostfrieslands Nationalsport kennenzulernen. Boule: Boulespieler sind herzlich eingeladen, Ihre Kugeln mitzubringen und sich mit Gleichgesinnten im Kurgarten zu einer Partie zu treffen.

Schiffsfahrten

Schiffsfahrten werden zu den Seehundsbänken, in den Nationalpark „Niedersächsisches Wattenmeer", zu den Nachbarinseln und nach Helgoland angeboten. Im Sommer wird außerdem zu abendlichen Tanzfahrten ins Wattenmeer eingeladen.

Wandern/Radfahren

Im Dorfzentrum und auf den Wegen zum Strand besteht Fahrradverbot. Aufgrund der kurzen Wege und der zahlreichen Fußgänger ist Radwandern auf Spiekeroog nicht möglich. Die in der Nationalparkkarte eingezeichneten Wanderwege sind ganzjährig, bzw. auf der Ostplate vom 1. August bis 31. März des Jahres freigegeben. Der Watt- und Wiesenbereich und die Brutgebiete der Ostplate dürfen nicht betreten werden. Während der Saison werden regelmäßig natur- und vogelkundliche Führungen sowie Wattwanderungen angeboten. Besonders empfehlenswert ist außerdem ein Spaziergang durch das Wäldchen und durch den 1996 angelegten Rosengarten am Wüppelspoor. Da es äußerst schwierig ist, auf der Nordseeinsel einen Baumbestand heranzuziehen und zu erhalten, wird dringend darum gebeten, die Bäume und Sträucher zu schonen. Info-Tel. für natur- und vogelkundliche Führungen: 04976/ 282 oder Außenstelle des Niedersächsischen Landesbetrieb für Wasserwirtschaft und Küstenschutz (NLWK, Tel.: 04976/ 282); Wattführer: U. Bauer, Tel.: 04976/264; B. Struck, Tel.: 04976/298; C. Heithecker, Tel.: 04976/ 651; B. Savelkoul, Tel.: 04976/531.

Gymnastik/Strandsport

Das Sportteam bietet von März bis Oktober sowie um den Jahreswechsel ein sehr abwechslungsreiches Programm am Strand, in der Strandsporthalle und in der Inselhalle an. Daneben besteht in der Hauptferienzeit die Möglichkeit zum Erwerb des Deutschen Sportabzeichens. Gymnastikstunden werden werktags am Badestrand bzw. in der Strandsporthalle angeboten.

Schwimmen

Neben einem Bad in der Nordsee, ist besonders ein Besuch des Meerwasserhallenbads (Noorderpad 20) zu empfehlen. Angeboten werden Schwimm- und Wassergymnastikkurse sowie Kurmittelanwendungen. Im Obergeschoß befindet sich eine attraktive Sauna. Wer einen Strandtag im geschützten Strandkorb verbringen möchte, kann diesen bei der Strandkorbvermietung bei der Strandhalle unter Vorlage der Kurkarte mieten. Die Vorbestellung ist bis acht Wochen vor Anreise möglich.

Segeln/Surfen

Die Spiekerooger Segelschule bietet zwangloses Mitsegeln in kleinen Gruppen auf dem Watt und vor der Insel, Anfängerkurse, Segelgrundschein VDS, Sportbootführerschein Binnen, BR-Praxis in Form von Halbtagstörns, Prüfungsvorbereitung und Meilenbestätigung an. Information: Spiekerooger Segelschule, W. Klasing, Westend 10, Tel.: 04976/230. Surfen ist außerhalb des Bade- und Burgenstrandes möglich. Es werden jedoch keine Kurse angeboten. Nähere Auskünfte erhalten Sie an der Strandkorbvermietung bei der Strandhalle.

Reiten

Reiter finden auf Spiekeroog viele Möglichkeiten. Es darf jedoch nur unter Führung und auf besonders gekennzeichneten und zugelassenen Reitwegen geritten werden. Das Reiten am Badestrand und auf den Wattwiesen ist nicht möglich. Information: K. Petschat, Achter d'Diek, Tel.: 04976/1401, Islandhof F. Füth, Tel.: 04976/219.

Tennis

Die Tennisanlage Spiekeroog (Tel.: 04976/ 410 und 1474) lädt zu einem Besuch ein. Von April bis Oktober finden Einzel- und Gruppenkurse in der Tennisschule I. Huth statt. Angeboten werden auch Trainingswochen im April, Mai und September (Info-Tel.: 0511/810213).

Feste und Veranstaltungen

Von März bis Oktober und in den Weihnachtsmonaten erscheint ein Veranstaltungskalender, der in der Kurverwaltung erhältlich ist. Er umfaßt Strandveranstaltungen, Kinderfeste, Lichtbildvorträge, Filmabende, Konzerte, Lesungen, Kursangebote, Sportliches, Seminare, Ausstellungen, kirchliche Veranstaltungen und vieles mehr.

Südbrookmerland
(Landkreis Aurich)

Eine Besiedelung des Südbrookmerlandes begann seit dem Mittelalter. Damals begann man, den einst menschenleeren und lebensfeindlichen Raum durch Entwässerung urbar zu machen. Entlang der entstehenden Entwässerungsgräben reihten sich Höfe wie Perlen einer Kette, die klassischen Reihen- bzw. Fehndörfer entstanden. **Information:** Rathaus Victorbur, Westvictorburer Straße 2, Tel.: 04942/209-0 oder 209-306; Fremdenverkehrsverein Südbrookmerland, Tel.: 04942/5300, Großes Meer e.V., Am Meer 1a, Tel.: 04942/5666.

Sehenswertes

Dorfmuseum

Das „Dörpmuseum Münkeboe" umfaßt eine restaurierte Kornwindmühle einschließlich einer Schuh- und Klumpenmacherei, einer Weberei, einer Mühlenbauwerkstatt und einer Blaufärberei. Besichtigt werden können außerdem eine alte Schmiede am Dorfmuseumsplatz, eine Stellmacherei, ein Gattersägewerk, ein Tante-Emma-Laden mit Bäckerei, ein Feldbackofen, eine Dorfschule, ein Torfschiff, eine Dampfmaschine, ein Generator, ein 50-PS-Dieselmotor, ein Moorpflug und eine Gulfanlage mit vielen funktionsfähigen Großgeräten. Übrigens: An jedem

ersten Samstag im Monat kann man den Handwerkern bei der Arbeit über die Schulter schauen. Öffnungszeiten: 1. April – 31. Oktober Di-So 10.00-17.30 Uhr. Information: Poggenpoller 6, Tel.: 04942/ 3988 oder Rüskeweg 43, Tel.: 04934/1587.

Moormuseum Moordorf

Das Moormuseum Moordorf ist eines der eigenwilligsten Museen Nordwestdeutschlands. Das „Museum der Armut", wie es auch genannt wird, stellt in urwüchsiger Moorlandschaft die unvorstellbar schwierige, 200jährige Entwicklungsgeschichte einer ostfriesischen Moorkolonie dar. An bestimmten Tagen finden Aktionen zur Geschichte statt. Anschrift: Victorburer Moor 7a, Tel.: 04942/2734; Öffnungszeiten: von Frühlingsanfang bis Herbstferienende (bundesweit) Di-So 10.00-17.30 Uhr.

Freizeitangebote

Angeln

Die vielen Wasserläufe bieten hervorragende Bedingungen für Angler. Voraussetzung ist der Besitz einer Gastkarte. Ausgabestellen für Gastkarten: Kuhlerplatz, Münkeboe, Tel.: 04942/3056. Hobbymarkt Müller, Ritzweg 71, Moordorf, Tel.: 04941/87800. Schwarzer Weg, Victorbur, Tel.: 04942/ 2304. Meerwarthaus, Bedekaspel, Tel.: 04942/3170. Pony- und Pferdehof Ubben, Bedekaspel, Tel.: 04942/4534.

Rudern

Ruderboote können im Meerwarthaus in Bedekaspel gemietet werden.

Segeln/Surfen

Das Große Meer ist Treffpunkt für Segler und Surfer. Wer möchte, kann an einer Regatta teilnehmen.

Uplengen
(Landkreis Leer)

Mit 149 Quadratkilometern ist Uplengen die flächengrößte Gemeinde des Landkreises Leer. Das Gebiet ist von alters her durch Wege, die zum Teil sogar durch lebensfeindliches Moor führten, erschlossen. So ist bei Ausgrabungen im Jahr 1983 ein Bohlenweg gefunden worden, der zwischen 2000 und 1800 v.Chr. mit Weichhölzern angelegt worden ist. Eine besonders wichtige Verbindung war der alte Postweg von Oldenburg nach Ostfriesland. Der Verlauf der heutigen Landesstraße 24 stimmt weitgehend mit dieser alten Verkehrsverbindung überein. Die Ortschaft Remels, der bereits als Kirchenspielort eine herausragende Rolle zukam, wurde im Rahmen der Raumordnung als Grundzentrum ausgewiesen. **Information:** Tourist-Information Uplengen, Alter Postweg 103, Tel.: 04956/912177 oder Fremdenverkehrsverein Uplengen e.V. „Schillbülthuus", Alter Postweg 103, Remels, Tel.: 04956/912177, Fax: 04956/912178.

Ortsführung

Die Uplengener Gästeführer/innen zeigen Ihnen die Sehenswürdigkeiten der Gemeinde. Auskunft und Anmeldung bei H. Lienemann, Tel. 04956/912810 oder bei der Tourist-Information.

Die Windmühle in Remels

Sehenswertes

Sehenswert sind die Mühlen in den Ortschaften Großoldendorf, Remels und Südgeorgsfehn. Den Remelser Galerieholländer kann man bei einer Führung besichtigen. Er befindet sich am Alten Postweg 111. Die Führungen finden in der Zeit von April bis November jeden Donnerstag um 12.50 Uhr statt. Information und Anmeldung unter Tel.: 04956/912-177 oder 04956/4902. Zu empfehlen ist außerdem die Besichtigung einer der fünf noch erhaltenen und funktionsfähigen Schleusen entlang des Nordgeorgsfehnkanals. Auch dem von der Gemeinde erworbenen Schiff „MS Ella", mit dem noch vor rund 40 Jahren Torf auf dem Nordgeorgsfehnkanal transportiert wurde, sollte man ei-

Ostertorplatz und St.-Martins-Kirche in Uplengen-Remels

nen Besuch abstatten. Die „MS Ella" ankert in Nordgeorgsfehn.

St. Martins-Kirche

Besonders sehenswert ist die aus dem 12. Jahrhundert stammende Wehrkirche St. Martin in Remels. Das Gotteshaus beherbergt eine über 250 Jahre alte, unter Denkmalschutz stehende Orgel. Die Kirche kann auf Wunsch besichtigt werden.

Aussichtstürme

In den Gebieten „Neudorfer Moor" und „Lengener Meer" befinden sich Aussichtstürme, die einen herrlichen Ausblick garantieren. Die höchste natürliche Erhebung Ost-

frieslands ist der 18 Meter hohe Kugelberg in „Holle Sand".

Freizeitangebote

Angeln

Der reichhaltige Fischbesatz in den Still- und Fließgewässern Uplengens bietet Anglern ein vielseitiges Terrain. Informationen zum Angelsport sind bei der Tourist-Information oder beim Angelsportverein Uplengen unter der Tel.: 04956/1870 erhältlich.

Boßeln

In Uplengen gibt es zahlreiche Boßelvereine, die ihr Können gerne weiter vermitteln.

137

Information: Boßelverein Großoldendorf, Tel.: 04956/912-983; Boßelverein Großsander, Tel.: 04956/4947; Boßelverein Klein Remels, Tel.: 04956/653; Boßelverein Neudorf, Tel.: 04956/2331; Boßelverein Stapel, Tel.: 04956/1638.

Wandern/Radfahren

Das von großflächigen Naturschutzgebieten (Stapeler Moor, Neudorfer Moor, Lengener Meer, Holle Sand) durchzogene Gemeindegebiet erkundet man auf den zahlreichen Radwegen. Zu empfehlen sind auch die längeren Touren entlang ausgearbeiteter Routen, wie z.B. die insgesamt 163 Kilometer lange Deutsche Fehnroute. Sie führt auf einer Länge von ca. 30 Kilometern entlang des Nordgeorgsfehn- und des Südgeorgsfehnkanals durch verschiedene Ortschaften der Gemein-

Der Badesee Großsander

de Uplengen. Besonders zu empfehlen ist die Tour unter dem Motto „Mit Paddel und Pedal". Dahinter verbirgt sich eine kombinierte Fahrrad- und Kanutour, auf der man die ostfriesische Fehnlandschaft auf dem Wasser- und Landweg kennenlernen kann.

Information: Tourist-Information Uplengen.

Paddel- und Pedal-Anlegestation in Uplengen-Remels (Kanus und Fahrräder stehen zum Verleih)

Schwimmen/Surfen

Die Freizeitanlage Großsander bietet einen großen Badesee, der nicht nur für Schwimmer, sondern auch für Surfer geeignet ist. Besonders Anfänger, die noch nicht auf der Nordsee surfen möchten, haben hier sichere Übungsmöglichkeiten. Adresse: Sanddobbenweg, Tel.: 04956/4152.

Kaffeefahrt

Die Torfmuttje „MS Ella" lädt ihre Gäste zu einer gemütlichen Kaffeefahrt auf dem Nordgeorgsfehnkanal ein. Anmeldung bei U. Kramer, Tel.: 04957/1592.

Planwagenfahrten

Wer die Landschaft kennenlernen möchte, ohne selber auf seinen „Drahtesel" zu klettern, der sollte an einer Planwagenfahrt teilnehmen. Tel.: 04956/912-177.

Reiten

Eine Reitsporthalle befindet sich an der Dorfstraße in Großoldendorf, Tel.: 04956/3745 oder 1500.

Varel
(Landkreis Friesland)

Erstmals urkundlich erwähnt wurde Varel im Jahre 1123 als Meierhof „Farle". Bereits im 13. Jahrhundert hat sich der Ort als Mittelpunkt der umliegenden Region herauskristallisiert. Über zwei Jahrhunderte wurde Varel vererbt, verschenkt, getauscht und erkämpft. Erst Graf Anton Günther von Oldenburg

(1583-1667) regierte wieder mit milderer Hand. Nach seinem Tod wurde Varel der Dänischen Krone zugesprochen, gelangte dann wieder unter Oldenburgische Herrschaft, wurde von Napoleon erobert, der es seinem Bruder König Ludwig von Holland übertrug. Erst im Jahr 1854 gehörte die Stadt endgültig zum Herzogtum Oldenburg. In dieser relativ ruhigen Zeit begannen die Vareler mit dem Ausbau ihrer Stadt. Seit Beginn des 18. Jahrhunderts trug der Hafen mit seinem Umschlag an Schwergütern erheblich zur Industrialisierung und zur gewerblichen Entwicklung Varels bei. Im Jahr 1867 schuf man mit der Eröffnung der Eisenbahnstrecke Wilhelmshaven-Varel-Oldenburg eine schnelle Landverbindung zum Reichskriegshafen Wilhelmshaven. Nach dem Schrecken der beiden Weltkriege und dem sich anschließenden Wiederaufbau, gelang es, das landschaftliche Bild der Umgebung zu bewahren.

Information: Stadt Varel, Windallee 4, Tel.: 04451/126-134, Fax: 04451/126-130.

Sehenswertes

Schloßkirche

Die Schloßkirche ist eine über 800 Jahre alte friesische Wehrkirche. Besonders sehenswert sind Altar, Kanzel und Taufstein aus der Werkstatt des Hamburger Bildschnitzers Ludwig Münstermann. Eine Besichtigung ist täglich von 11.00-16.00 Uhr möglich. Lage: Am Schloßplatz.

Mühle

Die Vareler Windmühle, eine fünfgeschossige Holländermühle aus dem Jahr 1847, beherbergt heute eine heimatkundliche Sammlung. Öffnungszeiten: Sa 10.00-12.00 Uhr

Die Schloßkirche in Varel

Die Windmühle in Varel

(ganzjährig), zusätzlich vom 1. Mai bis 31. Oktober, Mi und So 10.00-12.00 Uhr oder nach Anmeldung bei der Stadt Varel, Tel.: 04451/126-115. Anschrift: Mühlenstraße 52a.

Heimatmuseum

Das um 1750 erbaute Traufenhaus erhielt durch Umbauten im 19. Jahrhundert sein jetziges Aussehen und wurde 1956 zum Heimatmuseum ausgebaut. Es beherbergt eine Sammlung zur Geschichte des Ortes und einen Gedenkraum für den Heimatdichter Georg Ruseler (1866-1920). Öffnungszeiten: 1.

Mai-31. Oktober Do und So 10.00-12.00 Uhr oder nach Anmeldung bei der Stadt Varel, Tel.: 04451/126-115 und 04451/4761. Anschrift: Am Neumarktplatz 3 (mit Gaststätte Schienfatt).

Wasserturm

Der 56 Meter hohe Wasserturm von 1913 dient heute als Aussichtsturm und garantiert einen herrlichen Rundblick auf die Umgebung Varels, den Jadebusen und Butjadingen. Anschrift: Oldenburger Straße 62; Öffnungszeiten: ganzjährig 8.00-16.00 Uhr.

Spaziergänger vor Schloß Rastede (oben); „Mittelalterliches Spectaculum" in Rastede (unten)

Tjalk Engelina vor dem Fehn- und Schiffahrtsmuseum in Westrhauderfehn

Mühle Mitling-Mark im Rauhreif (Westoverledingen)

„Alter Hafen" in Weener (oben); Einkaufszentrum Nordseepassage in Wilhelmshaven (unten)

Franz-Radziwill-Haus

Im Franz-Radziwill-Haus werden Gemälde des bekannten Dangaster Künstlers gezeigt. Zu besichtigen ist außerdem das Wohnhaus mit Atelier. Öffnungszeiten: Do-Sa 15.00-18.00 Uhr (in der Saison), So 11.00-18.00 Uhr. Anschrift: Sielstraße 3, Dangast, Tel.: 04451/2777.

Nationalpark-Haus

Das Nationalpark-Haus „Alte Schule Dangast" gewährt Einblicke in den Lebensraum Wattenmeer und seine Labilität als Ökosystem. Öffnungszeiten: April – Oktober Di-Fr 10.00-12.00 und 14.00-18.00 Uhr, Sa, So und feiertags 14.00-18.00 Uhr. Anschrift: Zum Jadebusen 179, Dangast, Tel.: 04451/7058.

Kuriostitätenmuseum

Das Kuriositätenmuseum „Spijöök" präsentiert Kuriositäten, Seemannslegenden und regionale „Wahrheiten". Gezeigt werden u.a. der größte weiße Hai, das legendäre Ein-Mann-U-Boot und friesische Bestattungstechniken. Öffnungszeiten: Sa und So 15.00-17.00 Uhr (ab Pfingsten bis Ende September), Lage: Am Vareler Hafen.

Freizeitangebote

Angeln

Für das Angeln im Wattenmeer reicht die Vorlage des Personalausweises und eines Sportfischereischeines. Gastangler, die im Dangaster Binnentief angeln möchten, müssen ebenfalls im Besitz eines Sportfischereischeines sein. Gastkarten sind erhältlich im Sielwärterhaus am Dangaster Hafen sowie in Varel, Neumühlenstraße 26 (Zoobedarf) oder Mühlenstraße 21 (Angeltreff und Pokalshop).

Schwimmen

In den Sommermonaten lockt das Nordseebad Dangast mit einem herrlichen Strand. Außerdem steht den Badegästen das Jod-Sole-Bewegungsbad in der Nordsee-Kuranlage Deichhörn sowie das Sole-Freizeitbad „DanGastQuellbad" im Nordseebad Dangast zur Verfügung. Öffnungszeiten: täglich 9.00-21.00 Uhr; Tel.: 04451/911441. Weiterhin lädt das Freibad Varel zu einem Besuch ein. Es ist von Mitte Mai bis Mitte September geöffnet. Anschrift: Am Bäker, Varel. In den Wintermonaten bietet sich ein Besuch im Hallenbad Varel in der Haferkampstraße an. Öffnungszeiten: Mo 18.00-21.30 Uhr, Di 6.30-8.00 Uhr und 13.30-21.30 Uhr, Mi 12.00-21.00 Uhr, Do 13.30-17.00 Uhr, Fr 13.30-22.30 Uhr, Sa 8.00-17.00 Uhr, So 8.00-12.00 Uhr.

Wandern/Radfahren

Im Vareler und Seghorner Forst sowie im Forst Herrenneuen und im Neuenburger Urwald gibt es zahlreiche, gut ausgeschilderte Wanderwege. Liebhaber längerer Strecken kommen auf einem abwechslungsreichen, 160 Kilometer langen Rundwanderweg mit der Bezeichnung IVV – „Störtebekerweg" voll auf ihre Kosten. Veranstalter: Wanderverein Jadebusen, Tel.: 04451/860111. Wer lieber auf einem „Drahtesel" sitzt, dem steht ein umfangreiches, überwiegend beschildertes Radwegenetz zur Verfügung. Unbedingt empfehlenswert ist die Teilnahme an einer geführten Wattwanderung. Informationen

Am Strand im Nordseebad Dangast (Varel)

und Angebote hält das DanGastHaus, Tel.: 04451/91140, bzw. das Nationalpark-Haus, Tel.: 04451/7058 für Sie bereit. Es wird dringend davor gewarnt, eine Wattwanderung ohne sachkundige Begleitung zu unternehmen.

Fahrradverleih

Adressen: Auf der Gast 34, Dangast, Tel.: 04451/6306; Störtebekerstraße 10, Tel.: 04451/81813; Edo-Wiemken-Straße 38, Dangast, Tel.: 04451/3768.

Rundflüge

Informationen über Rund- und Linienflüge zu den Ostfriesischen Inseln, nach Helgoland und zu vielen Städten Deutschlands/Europas sind am Mariensieler Flugplatz bei Wilhelmshaven erhältlich. Tel.: 04421/ 202333.

Planwagen- und Kutschfahrten

Wenn Sie an einer Planwagen-/Kutschfahrt teilnehmen wollen, können Sie sich an folgende Anschrift wenden: Goldene Linie 8, Moorhausen, Tel.: 04451/7665.

Reiten/Ponyreiten

Wer auf dem Rücken eines Ponys seine Reiterkunst üben möchte, kann sich beim Bauern- und Pferdehof Funke, „Dangaster Weide", Zum Jadebusen 177, Dangast, Tel.: 04451/6520 oder beim Pferdehof Grimm, Zum Jadebusen 175, Dangast, Tel.: 04451/ 5684 erkundigen. Für Reiter, die Wert auf ein „großes" Pferd legen, bieten sich folgende Adressen an: Reitschule und Pensionsstall Obenstrohe, Heidebergstr. 7, Tel.: 04451/ 3791; Reitanlage Langner, Pferdepension und Unterricht, Birkenweg 15, Tel.: 04451/ 3869, Reithof Andrea Behrens, Ahrensberger Straße 13, Tel.: 04456/ 948972;

Festivitäten

In Varel finden jährlich zahlreiche Feste und Märkte statt. Zu den Höhepunkten gehören das Frühlingfest, das Stadtfest, das Hafenfest Varel und das Hafenfest Dangast, der Kramermarkt, der Pferde- und Flohmarkt sowie der Weihnachtsmarkt. Das Datum der jeweiligen Veranstaltungen ist im Veranstaltungskalender ersichtlich.

Wangerland

(Landkreis Friesland)

Die Gemeinde Wangerland wurde im Zuge der Gebietsreform aus den bisher selbständigen Ortschaften Hohenkirchen, Hooksiel, Minsen, Tettens und Waddewarden als Einheitsgemeinde gebildet. Die überwiegend ländlich geprägte Gemeinde ist der nördlichste Teil des Landkreises Friesland. Neben dem Nordseeheilbad Horumersiel-Schillig und den Küstenbadeorten Hooksiel und Minsen-Förrien erfreut sich auch das Hinterland immer stärkerer Beliebtheit. Der Reiz der Marschenlandschaft, der salzhaltigen Luft und des Meeres zieht viele Besucher in seinen Bann. **Information:** Wangerland Touristik GmbH, Zum Hafen 3, Horumersiel, Tel.: 04426/987110; Fremdenverkehrsverein Hohenkirchen, Bismarckstraße 6, Tel.: 0443/300; Fremdenverkehrsverein Minsen-Förrien, Heinrich-Tiarks-Straße 42, Tel.: 04426/71699; Seebadeverein Hooksiel, Friesenstraße 35, Tel.: 04425/1027;

Sehenswertes

Besonders sehenswert sind die zahlreichen alten Backsteinkirchen der einzelnen Ortschaften. In den historischen Kirchen kann das Auge des interessierten Besuchers noch so manch wertvolles Kleinod entdecken. Ebenso sehenswert und charakteristisch für die Landschaft sind die Windmühlen, wie z.B. die Stumpenser Mühle. In Hooksiel findet man außerdem einige alte Packhäuser, die die Erinnerung an die einstige Blütezeit des Handels aufleben lassen. Wer sich genauer informieren möchte, dem sei ein Besuch im Museum-Informationszentrum „Wurtendorf" (Ziallerns 7, Tel.: 04463/1217), im Muschel-museum Hooksiel (Lange Straße 19, Tel.: 04461/6579) und im Nationalpark-Haus Wangerland (Zum Hafen 1, Horumersiel, Tel.: 04426/987156) empfohlen.

Galerie/Künstlerhaus

Schwerpunkte sind Ausstellungen namhafter Künstler, Workshops und Ateliergespräche. Das Künstlerhaus beheimatet außerdem Stipendiaten, denen man bei ihrer Arbeit über die Schulter sehen kann. Adresse: Lange Straße 16, Hooksiel, Tel.: 04425/1278.

Hooksieler Hafen

Der romantische Hooksieler Hafen mit Fischkuttern und Segelschiffen ist ein Publikumsmagnet mit besonderem Flair. Für Hobbykapitäne ist die Hooksieler Marina der ideale Liegeplatz, da Hooksiel als Tor zur Nordsee fungiert. Die beliebtesten Ziele sind Helgoland und die Friesischen Inseln.

Freizeitangebote

Schwimmen

Ein Freischwimmbad ist in Tettens vorhanden, Strandfreibäder gibt es in Horumersiel, Hooksiel und Schillig. Meerwasser-Hallenbäder findet man in Hooksiel und in Horumersiel. In Horumersiel-Schillig befindet sich ein Sole-Freizeitbad, das als Hallen- und Freibad wetterunabhängiges Vergnügen verspricht. Adresse: Zum Hafen 3, Tel.: 04426/987-0.

Wassersport

Wer sich für den Wassersport interessiert, kann sich an folgende Adressen wenden:

Wassersportverein Hooksiel, Tel.: 04425/
381; Segelkameradschaft Horumersiel, Tel.:
04426/1551; Hooksieler Surf-Club, Tel.:
04463/71492.

Boßeln

Der ostfriesische Nationalsport erfreut sich
wachsender Beliebtheit. Eine große Anzahl
an Vereinen hilft gern mit Informationen
weiter, z.B. Boßelvereine in Minsen (Tel.:
044267428), in Friederikensiel (Tel.: 04463/
658), in Hohenkirchen (Tel.: 04463/5951), in
Hooksiel (Tel.: 04425/770) oder in Waddewarden (Tel.: 0446176036).

Wandern/Radfahren

Wer an einer geführten Tour teilnehmen
möchte, sollte sich mit der Wangerland Touristik GmbH in Verbindung setzen, um einen
geeigneten Termin zu vereinbaren.

Feste und Veranstaltungen

Kulturelles

Kulturveranstaltungen finden regelmäßig in
der Aula des Dorfgemeinschaftshauses Hohenkirchen statt. Konzerte, Vorträge und
volkstümliche Veranstaltungen wechseln
sich ab. Daneben werden auch Konzerte in
zahlreichen alten Kirchen des Wangerlandes
angeboten. Das Kurensemble Wangerland
gibt während der Saison Kurkonzerte im
Kurgarten oder im Kursaal.

Pferderennen

Die Hooksieler Renntage im Juli/August auf
der Jaderennbahn sind eine besondere Attraktion. Schon mit geringem Wetteinsatz

kann man auf das „richtige Pferd" setzen.
Info-Tel.: 04425/95800 oder 04426/286. Die
Veranstaltungen werden in einem monatlich
erscheinenden Veranstaltungskalender be-
kanntgegeben. Er ist in allen Einrichtungen
der Kurverwaltung Wangerland erhältlich.

Wangerooge
(Landkreis Friesland)

Die zweitkleinste der sieben ostfriesischen
Inseln ist neun Kilometer lang und bis zu
zwei Kilometer breit. Sie liegt im ca. 2400
Quadratkilometer großen Nationalpark
„Niedersächsisches Wattenmeer". Da die
Bewohner Wangerooges weder Platz noch
Lust auf Autos haben, ist die Insel mit weni-
gen Ausnahmen autofrei. Es gibt keine Ab-
gase, keine Hektik, keine Gefahren für Kinder. Statt dessen viel frische Luft und eine
gesunde, intakte Umwelt. Wangerooge blickt
auf eine lange Geschichte zurück. Seit 1300
ist die „Insel des Wangerlandes" bewohnt,
und immer schon lebte man von der See: An-
fangs waren es der Fischfang und die See-
hundjagd, im 18. Jahrhundert die Handels-
schiffahrt und schließlich der Badebetrieb,
der im 19. Jahrhundert voll aufblühte. Doch
Wangerooge erlebte auch Zeiten bitterer Not.
Zwei verheerende Sturmfluten forderten
zahlreiche Opfer. Um die Jahrhundertwende
strömten die Badegäste in Scharen auf die
Insel. Seitdem ist Wangerooge zum Famili-
enschwarm, zum Treffpunkt für Naturbe-
wußte und Erholungsbedürftige, für Strand-
läufer und Windsurfer, für Sonnenanbeter
und „Strandkorb-Sehnsüchtige" geworden.
Information: Verkehrsverein Nordseeheilbad Wangerooge e.V., Tel.: 04469/ 94880,
Fax: 04469/948899, postalische Anschrift:

Kurverwaltung Wangerooge, Postfach 620, 26480 Wangerooge.

Führungen

Die Mitarbeiter/innen des Nationalpark-Hauses „Rosenhaus" laden zu einer naturkundlichen Führung ein. Ein umfangreiches Programm führt Sie in die Geheimnisse und Wunder des Wattenmeeres und seiner Bewohner ein. Sie finden das Nationalpark-Haus in der Friedrich-August-Straße, gleich hinter dem Rosengarten. Info-Tel.: 04469/8397.

Sehenswertes

Wangerooges Attraktion Nummer eins ist natürlich die gute alte Nordsee. Besonders zu empfehlen ist ein Besuch des Heimatmuseums „Alter Leuchtturm". Hier findet man alte Seekarten, ein altes Rettungsbootmodell, eine Bernsteinsammlung, ein Modell der Inselbahn und der Westturmspitze, frühe Gästelisten und uralte Wangerooge-Prospekte. Hoch oben befindet sich ein Standesamt und noch ein paar Stufen darüber eine Aussichtsplattform. Öffnungszeiten: 10.00-12.00 Uhr und 15.00-17.00 Uhr (Saison).

Freizeitangebote

Schwimmen/Sauna

Besonders einladend ist ein Bad in der Nordsee. Im Mittelfeld des Bade- und Burgenstrandes (unterhalb des Cafe Pudding) sowie im Westfeld sind Badefelder eingerichtet worden. Die Notwendigkeit der Badefelder ergibt sich aus den Tücken der Nordsee, dessen Strömung selbst geübten Schwimmern die Beine wegziehen kann. Im Bereich der Badefelder stehen Badetürme auf hohen Stelzen, auf denen von Mai bis Oktober ausgebildete Rettungsschwimmer der Kurverwaltung in Bereitschaft sind. Das Wechselspiel von Ebbe und Flut bestimmt die Badezeit. Sie beginnt und endet vor oder wenig nach dem höchsten Wasserstand. Der Tidenkalender mit Badezeitentabelle liegt in der Kurbeitragsstelle und im Kurmittelhaus aus. Information: Serviceteam an der unteren Strandpromenade, unterhalb der großen Uhr am Cafe Pudding. Die Strandkorbvermietung ist im Gebäude der Kurverwaltung. Eine Meerwasser-Sauna befindet sich im Kurmittelhaus am Ende der Strandpromenade Richtung Westen. Wenn draußen mal kein Badewetter ist, lockt das Meerwasser-Freizeitbad „Oase" mit Whirlpools, Massagebecken, Wasserrutsche, Sonnenbänken und vielem mehr. Wo? Am Ende der Strandpromenade Richtung Westen (Eingang Kurmittelhaus).

Surfen

Auf Wangerooge befindet sich eines der besten Surfreviere Europas. Dieses gilt sowohl für Anfänger als auch für „Profis". Das Watt ist ein prima Gelände, um Beach-, Wasserstart und Powerhalse zu erlernen. Auf der Seeseite der Insel baut sich bei viel Wind eine hohe Dünung und eine beträchtliche Brandung auf. Information: Wind Specials-Fun Center mit VDWS-Surfschule, Tel.: 0171/3254366.

Wandern/Radfahren

Neben erholsamen Spaziergängen und Radwanderungen empfiehlt sich die Teilnahme an einer geführten Wattwanderung. Die Termine können Sie im monatlich erscheinenden Veranstaltungskalender der Kurverwaltung nachlesen. Info: P. Halwe, Tel.: 0171/3272797; F.-W. Petrus, Tel.: 04469/640; Nationalpark-Haus (U. Isserstedt), Tel.: 04469/8397.

Fahrradverleih

Adressen: D. Beier, Kapitän-Wittenberg-Str. 11; J. Düvelsdorf, Kapitän-Wittenberg-Str. 6; F. Eden, Friedrich-August-Str. 15; C. Petrus, Im Westen; U. Schröder, Zedeliusstr. 37.

Tennis/Squash

Das Tennis-Center an der Straße zum Westen freut sich auf Ihren Besuch. Information und Anmeldung: T. Commichau, Tel.: 04469/1396.

Rundflug

Wenn Sie Wangerooge einmal aus luftiger Höhe betrachten möchten, können Sie sich an den Luftverkehr Friesland, Flugplatz Harlesiel, Tel.: 04464/94810 oder an die Helgoland-Airlines, Flugplatz Wilhelmshaven-Mariensiel, Tel.: 04421/92600 oder an die Bremerhaven-Airlines, Flugplatz Bremerhaven-Luneort, Tel.: 0471/9712100, wenden.

Kurse/Seminare

Angeboten werden Aquarell- und Seidenmalerei, Speckstein- und Bastelarbeiten sowie Yogastunden. Daneben gibt es Pauschalangebote (die „Wangerooger Wohlfühltage", „Kreativtage", „Rhetoriktage", „Yogatage" sowie die „Schachtage"). Infos und Buchungen unter der Tel.: 04469/94880, Fax: 04469/948899 (Verkehrsverein Wangerooge) oder im Seminarraum Süd, Mo-Fr 11.00-12.00 Uhr. Das Gestaltprogramm erhalten Sie monatlich bei der Kurverwaltung.

Feste und Veranstaltungen

Die Wangerooger Inselkantorei lädt zu Orgelkonzerten und geistlicher Abendmusik in besinnlicher Atmosphäre ein. Außerdem lohnt sich ein Besuch der Wangerooger Volkstanzgruppe, des Shanty-Chors „De Wangeroogers", der Theatergruppe „Wangeroogers speelt op platt" und des Filmclubs „Nordsee-Video".

Weener (Ems)
(Landkreis Leer)

Das gemütliche ostfriesische Hafenstädtchen an der Ems befindet sich im äußersten Nordwesten Deutschlands, im Rheiderland. Im Jahre 951 wurde Weener zum ersten Mal unter dem Namen „Wenre" in den Heberegistern der Abtei Werden erwähnt. Mitte des 16. Jahrhunderts erhielt der Ort Waagerecht und 1929 Stadtrecht. Einst Heimathafen stolzer Segler, die die Weltmeere befuhren, zollt Weener heute den hohen Ansprüchen moderner Skipper Rechnung. In unmittelbarer Nachbarschaft des alten idyllischen Hafenbeckens entstand ein 30 000 Quadratmeter großer Sportboothafen. Im Zuge der Gebietsreform von 1973 schloß Weener sich mit acht Nachbargemeinden zu einer Einheitsgemeinde zusammen. **Information:** Hafen und Tourismus GmbH Weener, Tourist Information, Norderstraße 3, Weener (Ems), Tel. 04951/912016, Fax: 04951/ 8613.

Ortsführungen

Von Mai bis September werden jeweils am ersten Sonntag im Monat um 11.00 Uhr Führungen durch die historische Altstadt angeboten. Treffpunkt: Tourist Information, Norderstraße 3, (keine Anmeldung erforderlich). Für Gruppen ab sechs Personen sind nach Absprache auch andere Termine möglich. Außerdem besteht die Möglichkeit, an geführten Radtouren und Gästebegrüßungsveranstaltungen teilzunehmen.

Sehenswertes

Organeum

Das in einer neugotischen Villa befindliche Organeum Weener ist von überregionaler Bedeutung. Es bildet das Zentrum des Orgeltourismus Nordwestdeutschlands und der angrenzenden Niederlande. Mit einem Bestand von etwa 300 historischen Orgeln und Orgelprospekten gilt die Ems-Dollart-Region als reichstes Orgelgebiet Europas. Von Weener aus werden regelmäßig Orgelfahrten und -führungen, Konzerte, Konferenzen, Kurse und Seminare angeboten. Neben einem Instrumentenbestand bietet das Organeum auch einen Einblick in die Forschungsbibliothek der Norddeutschen Orgelakademie. Darüber hinaus stehen Konzerte mit international bekannten Musikern sowie Exkursionen und Seminare auf dem Programm. Öffnungszeiten: Di-Do 10.00-12.00 Uhr, 15.00-17.00 Uhr, Fr 10.00-12.00 Uhr und nach Vereinbarung. Adresse: Norderstraße 18, Tel.: 04951/912203, Fax: 04951/912205.

Heimatmuseum

Das Heimatmuseum Rheiderland präsentiert die Siedlungs- und Wirtschaftsentwicklung des Rheiderlandes. Es beherbergt kulturhistorische/vor- und frühgeschichtliche Abteilungen mit prähistorischen Funden, einer

Das Organeum in Weener

Ziegelabteilung, Töpferei (Pottbackeree), Milchverwertung (Melkkamer), Bauernküche (Köken), Hochkammer (Upkammer), Böttcher- und Stellmacherwerkstatt, Kauf-

Heimatmuseum Weener

151

mannsladen (Kruidenierswinkel), Buchdruckerei und einem Biotop mit heimischer Vogelwelt. Die Abteilung Landwirtschaft zeigt die Ackerbauwirtschaft auf dem Polder, die Gemischlandwirtschaft auf der Geest und die Grünlandwirtschaft in der Emsmarsch. Öffnungszeiten: Di, Sa und So 15.00-18.00 Uhr und nach Vereinbarung; Adresse: Neue Straße 26, Tel.: 04951/1828.

Altstadt

Der sehenswerte Altstadtkern beheimatet Häuser aus dem 18. und 19. Jahrhundert. Das älteste ist das „Frone Haus" mit einem typischen Renaissancegiebel aus dem Jahre 1660. Anschrift: Norderstraße 19.

Kaakebogen

Der 1984 restaurierte Kaakebogen ist heute wohl das beliebteste Fotomotiv der Stadt. Er bildete die Trennung zwischen kirchlichem und weltlichem Bereich. Zum weltlichen Bereich gehörte die Kaake, ein bedeutender Marktplatz am Verkehrsknotenpunkt Leer-Holland-Westfalen. Mitte des 19. Jahrhunderts wurde der Pferdehandel durch den Handel mit Zucht- und Nutzvieh abgelöst. Der Kaakebogen befindet sich direkt neben der Tourist Information, Norderstraße 3.

Rathaus

Das 1861 unter Hannoverscher Regierung als neues Amtshaus errichtete Rathaus besitzt Stilelemente der Hannoverschen Schule. Es beherbergt Ölgemälde, Aquarell-, Bleistift- und Kohlezeichnungen des Kunstmalers Nikolai James Bergholz. Öffnungszeiten: Mitte Dezember bis Mitte Februar und Mitte Juni bis Mitte August Mo-Fr 8.00-

Aufnahme aus der Altstadt von Weener

12.30 Uhr, Mo auch 14.30-17.30 Uhr. Adresse: Osterstraße 1, Tel.: 04951/325-0.

Denkmäler

Die Stadt Weener setzte 1991 den „Törfwieven" ein Denkmal an den Hafen. Die „Törfwieven" waren handfeste Frauen (vielfach waren es Witwen), die den mit kleinen Schiffen angelieferten Torf in Körbe füllten und über eine Bohle auf die Pferdefuhrwerke trugen. Ein weiteres Denkmal befindet sich direkt neben der Kirche an der Weenermoorer Straße. Es handelt sich um einen alten Luftschutzbunker aus dem Zweiten Weltkrieg, der vom heimatkundlichen Arbeitskreis e.V. als Mahnmal hergerichtet wurde. Die Eckpunkte des Grundrisses der ehemaligen Synagoge in der Hindenburgstraße 32 sind mit großen Rundsteinen versehen, und vor der Giebelwand der ehemaligen jüdischen Schule wurde 1990 ein Menoraleuchter aufgestellt. Vor dem Heimatmuseum in der Neuen Straße wurde in der Gedenkanlage für die Gefallenen der beiden Weltkriege ein Sandstein angebracht, der an die Verfolgten und Getöteten der Gewaltherrschaft 1939 bis 1945 erinnert. In der Norderstraße vor dem Rathaus befindet sich die „Germania", ein Denkmal an die Gefallenen des Krieges 1870/71.

Historische Hofanlage Meinders Plaats

Der älteste, auf das Jahr 1658 datierte Hof des Dorfes Weenermoor wurde teilweise aus den Steinen der zweiten Weenermoorer Kirche erbaut. Adresse: Weenermoorer Straße 119.

Friesenbrücke

Die Friesenbrücke ist die größte Eisenbahnklappbrücke Deutschlands (technische Daten: Brückenlänge: 335,40 Meter, Schiffsdurchlaß: 25 Meter, Schienenhöhe: 7,30 Meter über NN). Als in den siebziger Jahren des 19. Jahrhunderts zwischen Ihrhove bei Leer und Nieuweschans (Neuschanz) in den Niederlanden eine Bahnlinie gebaut wurde, entstand zum Überqueren der Ems zunächst eine Drehbrücke. Als diese reparaturbedürftig wurde, entschied man sich, sie gegen eine Rollklappbrücke auszutauschen, mit dessen Bau im Jahre 1924 begonnen wurde. Auch heute noch dient die Brücke der Zugverbindung zwischen Leer und Groningen. Ein seitlich angelegter Fußweg ermöglicht Wanderern und Radfahrern eine Emsüberque-

Die „Friesenbrücke"

rung und damit einen Wechsel vom Rheiderland ins rechtsemsische Overledingerland.

Mühlen

Der aus dem Jahr 1909 stammende dreistöckige Galerieholländer im Ortsteil Stapelmoor ist noch voll funktionsfähig. Beim Bau wurden Teile einer im Ort abgebrochenen Bockwindmühle wiederverwendet. Nach einem schweren Sturm 1972 wurde die Mühle Anfang der achtziger Jahre restauriert. Information: Tel.: 04951/2335 (bei Voranmeldung wird in der angebauten Teescheune die Tafel gedeckt). Lohnend ist außerdem ein Abstecher zum 1899 erbauten Galerieholländer im Ortsteil Möhlenwarf. Die Mühle, die heute im Besitz des bekannten Komikers Karl Dall ist, ist nur von außen zu besichtigen.

Mühle in Stapelmoor

Kirchen

Weener hat zahlreiche sehenswerte Kirchen zu bieten. Von herausragender Bedeutung sind die Georgskirche zu Weener und die Kreuzkirche zu Stapelmoor. Die in der ersten Hälfte des 13. Jahrhunderts erbaute Georgskirche beherbergt eine kostbare Orgel aus der Werkstatt Arp Schnittgers. Besichtigungen und kleine Orgelkonzerte sind nach Absprache mit dem Organeum Weener möglich (Tel.: 04951/912203). Die im romanisch-gotischen Baustil errichtete Kreuzkirche in Stapelmoor stammt aus den Anfängen des 13. Jahrhunderts. Das Pfarrhaus aus dem Jahre 1429 ist das älteste bewohnte Pfarrhaus Deutschlands. Kirchenbesichtigung: Pastor Gerke, Tel.: 04951/2874 oder Herr Gronewold, Tel.: 04951/2628.

Arp-Schnitger-Orgel, 1709/10

Freizeitangebote

Orgelexkursionen

Das Organeum bietet regelmäßig Orgelexkursionen durch Ostfriesland und die Niederlande, sowie Buchungen von Orgelkonzerten an. Information: Organeum, Norderstraße 18, Tel.: 04951/912203.

Schwimmen

Zum Schwimmen und Baden steht ein beheiztes Freibad mit Wärmehalle, Wasserrutsche, Schwalldusche und Unterwasser-Massagedüsen zur Verfügung. Saison: ab Mitte Mai. Adresse: Friesenstraße 31, Tel.: 04951/2344.

Angeln

Der Angelsportverein in Weener bewirtschaftet Sieltiefe, Kanäle und Baggerteiche/-seen. Ein Angelteich mit Anglerheim befindet sich im Erholungsgebiet an der Ems. Gastkarten sind unter der Tel.: 04951/2164, bei der Tourist Information (Tel.: 04951/912016) und in vielen Geschäften im Stadtbereich erhältlich.

Wandern/Radfahren

Im Ortsteil Stapelmoor befindet sich eine wunderschöne Parkanlage mit einer alten Lindenbaumallee. An der nordöstlichen Grenze des Stadtgebietes liegt das Naturschutzgebiet St. Georgiwold. Wenn Sie Lust zu einer längeren Fahrradtour haben, können Sie die Internationale Dollard-Route befahren. Verbindungspunkt ist die Friesenbrücke. Radwanderkarten und Tourenvorschläge sind bei der Tourist Information erhältlich.

Fahrradverleih

Adressen: Tourist Information, Norderstraße 3, Tel.: 04951/912016. J. Schipper, Hohe Straße, 13, Diele, Tel.: 04951/3759.

Planwagenfahrten/Reiten

Wenn Sie an einer Planwagenfahrt teilnehmen oder Reiten möchten, können Sie sich an folgende Adresse wenden: Fokko Hertema, Weenermoorer Str. 197, Tel.: 04953/1694.

Skaten

Im Erholungsgebiet an der Ems wurde im Frühjahr 1999 eine neue Skaterbahn mit verschiedenen Hindernissen in Betrieb genommen. Die Benutzung ist kostenlos.

Wassersport

Der Sportboothafen Weener, durch eine Kammerschleuse weitgehend tidenunabhängig, ist ein Begriff für Wassersportsfreunde geworden. Das Marina-Service-Center verfügt über einen Hublift, eine Slipanlage und eine Tankstelle. Hier gibt es auch eine Segel- und Motorbootschule sowie eine Paddel & Pedal-Station, bei der man Fahrräder und Kanus ausleihen kann. Durch die günstige geographische Lage des Hafens kann man zu Fahrten auf den Binnengewässern Ostfrieslands und der Niederlande sowie zu Fahrten auf offener See (z.B. zu den Ostfriesischen Inseln) starten. Information: Hafen und Tourismus GmbH Weener, Norderstraße 3, Tel. 04951/912016 oder beim Hafenmeister, Tel.: 04951/1691. Segelsport: SV Weener e.V., Gorch-Fock-Ring 60a, Tel.: 04951/1487. Surfen: Surf-Club Rheiderland e.V., Tel.: 04951/1013.

Schiffsfahrten

Angeboten werden Fahrten per Katamaran von Weener nach Borkum, Törns mit dem historischen Segelklipper „Vadder Gerrit II."

Ausflugsfahrt mit dem historischen Segelklipper „Vadder Gerrit II.“

sowie Kurz-, Tages- und Wochenendfahrten. Information: Tourist Information Weener.

Fitness

Das Fitness-Center im Erholungsgebiet Weener bietet auf einer Fläche von 740 Quadratmetern ein umfangreiches Fitness- und Freizeitangebot mit Saunalandschaft. Adresse: Friesenstraße 33, Tel.: 04591/912120.

Westerstede
(Landkreis Ammerland, Kreisstadt)

Westerstede blickt auf eine 877jährige Geschichte zurück. Seine erste schriftliche Erwähnung erfolgte mit dem Bau der St.-Petri-

Kirche im Jahr 1123. Historisch gesehen haben die Westersteder schon einiges einstecken müssen. Im 15. und 16. Jahrhundert fielen die benachbarten Ostfriesen mehrmals in das Stadtgebiet ein, 1666/67 wurde die Pest eingeschleppt, 1811 besetzten Franzosen das Gebiet und 1815 zerstörte ein verheerender Brand das Ortszentrum. Stadtrechte erhielt Westerstede erst im Jahr 1977. **Information:** Verkehrsverein Westerstede e.V., Am Markt 2, Tel.: 04488/19433.

Sehenswertes

St.-Petri-Kirche

Die als Wehrkirche angelegte St.-Petri-Kirche datiert auf das Jahr 1123. Der Westteil wurde 1232 geweiht. Durch einen gotischen Umbau im 14. Jahrhundert erhielt der in Backstein errichteten Oberteil des Turms seine charakteristische Vierkantform. Neben der Kirche befindet sich ein aus dem 16. und 17. Jahrhundert stammender Glockenturm.

Schloß Fikensolt

Das Barockschlößchen Fikensolt ist in seiner jetzigen Form im Jahre 1760 erbaut worden. Da es sich in Privatbesitz befindet, ist eine Besichtigung nur von außen möglich.

Friesendenkmal

Das 1912 erbaute Friesendenkmal erinnert an die folgenschweren Streitigkeiten um die Vorherrschaft in Nordoldenburg zwischen den Oldenburger Grafen und den ostfriesischen Häuptlingen und an die in der Schlacht von 1457 gefallenen Ammerländer und Ostfriesen. Das Denkmal befindet sich an einem Wanderweg in der Nähe des Vogelparks in Fikensolt. Früher war dieser Weg Teil des alten Heer- und Postweges von Oldenburg zur Grenzfestung Apen.

Mühlen

Der 1839 erbaute Galeriehölländer in Lindern beherbergt heute eine historische Ausstellung, ein künstlerisches Forum und ein gemütliches Cafe. Adresse: Mühlenweg 4, Westerstede-Lindern, Tel.: 04409/970342. Sehenswert ist auch die 1608 mit unterschlächtigem Wasserrad erbaute Howieker Wassermühle, die sich in idyllischer Lage bei Ocholt befindet. Sie ist u.a. mit der Museumseisenbahn zu erreichen.

Alter Bahnhof

Der 1906 erbaute Bahnhof mit dem schmuckvollen Portal und einem interessanten Turm drohte zu verfallen und sollte schließlich sogar abgerissen werden. Westersteder Bürger gründeten daraufhin den Bahnhofsverein und retteten das Gebäude, das heute nicht nur historisches Bau- und Kulturdenkmal, sondern auch Ort kultureller Veranstaltungen ist.

Vogel- und Landschaftspark

Der von April bis Oktober geöffnete Ammerländer Vogel- und Landschaftspark zeigt auf einer Fläche von 44.000 Quadratmetern die Besonderheiten der Vogelwelt. Anschrift: An der Landesstraße 15, Tel.: 04488/3152.

Altes Handwerk

Wer sich für altes Handwerk interessiert, kann sich an folgende Adressen wenden: Drechslerei, Am Kuhlen 19, Tel.: 04488/3244. „Museum" Behlen, Lindner Feldstraße 12, Tel.: 04409/8137. Töpferei, In der Loge 34, Westerloy, Tel.: 04488/4475. Strauchbesenbinder, An der Biese 26, Westerloy, Tel.: 04488/1741. Mühle Lindern, Mühlenweg 4a, Lindern, Tel.: 04409/970342. Schuhmacher, Westersteder Straße 120, Ocholt, Tel.: 04409/1691. Schäfer und Schafskäserei, Osterfeldstraße 14, Ocholt, Tel.: 04409/1476. Hölscher (Herstellung von Stiefeln, Leitern etc.), Westersteder Straße 81, Tel.: 04409/264. Stellmacherei, Linswege, Mühlenbrink 17, Tel.: 04488/2445.

Alter Bahnhof in Westerstede

Freizeitangebote

Wandern/Radfahren

Schöne Ziele sind z.B. der Barßeler Hafen, das Zwischenahner Meer und der Neuenburger Urwald. Wer seine Wanderung nicht dem Zufall überlassen möchte, kann sich an ausgearbeiteten Tourenvorschlägen orientieren (Info-Tel.: 04488/19433 und 859041). Gleich neben der Fußgängerzone verspricht der Stadtpark „Thalenweide" Ruhe und Erholung. Spaziergänger zieht es besonders in den Rhododendron-Waldpark Linswege/Peterfeld. Ebenso empfehlenswert ist ein Besuch des Maxwalds, eine bezaubernde Garten- und Parkanlage des Gartenhistorikers Dr. Pühl. Die Anlage enthält eine der ältesten Rhododendron-Sammlungen des Oldenburger Landes. Der Maxwald befindet sich an der Straße von Bad Zwischenahn nach Westerstede, kurz hinter der Torsholter Hauptstraße. Eine Führung ist nach Vereinbarung möglich. Parkverwaltung: Dr. E. Pühl, Tel.: 04488/71971.

Schwimmen

Wasserfreunden steht das Hallenfreibad im Hössensportzentrum zur Verfügung: Anschrift: Jahnallee 1, Tel.: 04488/846934; Öffnungszeiten: Mo 6.30-21.00 Uhr, Di 6.30-20.30 Uhr, Mi 6.30-21.30 Uhr, Do 6.30-20.30 Uhr, Fr 6.30-21.00 Uhr, Sa 9.00-19.00 Uhr, So 9.00-18.00 Uhr.

Museumseisenbahn-/Torflorenfahrt

Möchten Sie einmal mit der Museumseisenbahn oder einer Torflore mitfahren? Information: Verkehrsverein Westerstede, Tel.:
04488/859041, 19433; Museumseisenbahn
Ammerland-Saterland e.V., Westerstede-
Ocholt, Tel.: 04409/211.

Gastronomie/Löffeltrunk

Der Löffeltrunk ist ein klarer Korn, der vor-
nehmlich beim althergebrachten Aalessen
und bei Festlichkeiten getrunken wird. Er
beginnt mit den Worten: „Ik seh di" – „Dat
freit mi".

Rundflug/Fallschirmspringen

Der Sonderlandeplatz in Felde ermöglicht
„luftige" Abenteuer. Adresse: Flugplatz Felde, Köhlmoorweg, Tel.: 04488/844429 und
1525.

Feste und Veranstaltungen

Rhododendronausstellung

Die alle vier Jahre stattfindende „RHODO"
ist die größte Rhododendronausstellung Europas. Zu dieser Zeit verwandelt sich die Innenstadt in ein einziges Blütenmeer.

Brauchtum

Wer sich für altes Brauchtum und die plattdeutsche Sprache interessiert, sollte die regelmäßig stattfindenden Brauchtumsveran-
staltungen, Handwerkermärkte und Heimatabende besuchen.

Westoverledingen
(Landkreis Leer)

Westoverledingen ist der westliche Bereich
des „Landes über der Leda" (Overledingen).
Die Gemeinde ist noch jung, aber alt und
wechselvoll ist die Geschichte ihrer Dörfer
und Siedlungen. Funde aus der jüngeren
Steinzeit in Großwolde, Ihrhove und Steenfelde bezeugen, daß hier schon in dunkler
Vorzeit Menschen angesiedelt waren. Die
auf hohen Warfen errichteten Kirchen müssen noch vor dem Bau der ersten Deiche (ca.
1000 n.Chr.) entstanden sein. Mit dem
Deichbau wurde der Emsgau in vier Länder
(Rheiderland, Oberledingerland, Moormerland und Lengenerland) aufgeteilt. In dieser
Zeit kam es zu einer Besiedelung des Deich-
strichs und wohl zur Entstehung der Dörfer
Esklum, Driever, Grotegaste, Mitling-Mark
und Völlen. **Information:** Tourist-Information, Deichstraße 7a, 26810 Westoverledingen, Tel.: 04955/920040, Fax: 04955/
920041 (Freizeitpark „Am Emsdeich") oder
Gemeindeverwaltung Westoverledingen,
Bahnhofstraße 18, Westoverledingen, Tel.:
04955/933138, Fax: 04955/933201.

Sehenswertes

Kirchen

Die aus dem 12. Jahrhundert stammende ro-
manische Einraumkirche in Ihrhove steht
stellvertretend für die vielen historischen
Gotteshäuser im Overledingerland.

Sperrwerk/Siele

Das Leda-Sperrwerk und die alten Sieltore
in Weekeborg und Esklum erzählen von den

159

Blick auf die Kirche in Steenfelde (Westoverledingen)

großen Aufgaben der Vorfahren, die sich vor der Gewalt des Wassers schützen mußten.

Mühlen

Sehenswerte Mühlen befinden sich in Völlenerfehn und Mitling-Mark. Zum Mühlen-Ensemble in Mitling-Mark gehören der renovierte Galerieholländer aus dem 18. Jahrhundert und das Müllerhaus nebst Backhaus. Die hier ausgestellte Sammlung „Omas Küche" erinnert mit über 800 historischen Küchengegenständen an die Küche von anno dazumal. Öffnungszeiten: Mi, Fr, So 14.30-17.30 Uhr; Auskunft: Familie Brink, Marker Mühlenweg (Müllerhaus), Tel.: 04951/8872.

Schulmuseum

Das Gebäude des Schulmuseums in Folmhusen datiert auf das Jahr 1904. Der Klassenraum versetzt seine Besucher in die Zeit um die Jahrhundertwende: alte Bänke, Katheder, Wandtafeln, Lesekasten, Rechenmaschine und die Bilder des Kaiserpaares. In dem anderen Raum erwartet den Besucher eine Ausstellung zur ostfriesischen Schulgeschichte. Wer möchte, kann in dem Klassenzimmer eine Unterrichtsstunde „wie in alten Zeiten" miterleben. Im Gulfhaus befinden sich eine Schulklasse, die Wohnung eines Lehrers aus der Zeit um 1800, eine Sammlung schulhistorischen Materials und ständige Sonderausstellungen. Information: Ostfriesisches Schulmuseum Folmhusen, Leerer

Straße 7-9, Tel.: 04955/4989; Öffnungszeiten: Mi, Fr und So 15.00-17.00 Uhr, vom 01. Dezember bis Ende Februar nur sonntags.

Museumsbauernhaus

Zum historischen Dorfplatz im Freizeitpark „Am Emsdeich" gehört das Museumsbauernhaus Neemann. Eine umfangreiche und detaillierte Ausstellung zeigt Leben und Arbeiten anno dazumal. Auskunft: Gemeindeverwaltung, Tel.: 04955/933135.

Freizeitangebote

Brotbacken

In der Mühle Mitling-Mark lernen Sie unter dem Motto „Vom Korn zum Brot" die Kunst des Brotbackens. Selbstverständlich wird

eine gemütliche Tasse Tee dabei nicht fehlen. Info-Tel.: 04955/7426 oder 920040.

Wandern/Radfahren

Besonders empfehlenswert ist die Deutsche Fehnroute. Der erlebnisreiche Rundkurs führt entlang der Ems durch Westoverledingen. Die neue Dortmund-Ems-Kanal-Route, die 1999 eröffnet wurde, tangiert ebenfalls die Gemeinde. Information: Tourist-Information, Tel.: 04955/920040 oder Interessengemeinschaft Deutsche Fehnroute e.V., Friesenstraße 34/36, Leer, Tel.: 0491/66641.

Freizeitpark/Schwimmen, Wassersport

Ein Anziehungspunkt besonderer Art ist der Freizeitpark „Am Emsdeich" in Grotegaste. Rund um einen ausgedehnten Badesee bie-

Luftaufnahme vom Freizeitpark „Am Emsdeich" mit Campingplatz und historischem Dorfplatz

tet ein weitläufiger Badestrand mit einer 84 Meter langen Wasserrutsche, großem Spielplatz und Liegewiesen vielfältige Möglichkeiten zum Ausspannen und zur aktiven Freizeitgestaltung. Auch Wassersportler kommen hier auf ihre Kosten. Neu ist der historische Dorfplatz mit den wiederaufgebauten Gulfhäusern. Neben einem Restaurant und einem Museumsbauernhaus ist dort ein Schüler- und Gästezentrum untergebracht. Ein Campingplatz ist ebenfalls vorhanden. Besonders Fahrradgruppen finden gute Unterkunftsmöglichkeiten. Tel.: 04955/922711.

Angeln

In Westoverledingen und Umgebung findet der Angler immer ein ruhiges Plätzchen. Stehende und fließende Gewässer muß man hier nicht lange suchen. Gastkarten sind erhältlich u.a. in der Drogerie Thurau, Brandtsweg 2, Tel.: 04955/5334; Gaststätte Reepmeyer, Papenburger Straße 74, Tel.: 04955/8298; Gaststätte Fährhaus, Fährpfad 7, Tel.: 04951/2318; Spielwaren Groeneveld, Hauptstraße 64, Tel.: 04961/5657; Information: Sportfischerverein Westoverledingen e.V., Tel.: 04955/4439.

Feste und Veranstaltungen

Auf dem alljährlich am letzten Juniwochenende stattfindenden „Bottermarkt" oder den vielen anderen Dorf- und Volksfesten sind Gäste immer herzlich willkommen. Information: Veranstaltungskalender und Tourist-Information Westoverledingen.

Wiesmoor
(Landkreis Aurich)

Anfang des 20. Jahrhunderts entschloß sich der Preußische Staat, das zwischen Aurich und Wilhelmshaven gelegene Wiesmoor industriell abzutorfen und für die Besiedelung zu erschließen. Die hierbei anfallenden großen Torfmengen sollten in einem Kraftwerk zur Stromerzeugung verwandt werden. Gleich nach dem Zweiten Weltkrieg entstand auf einer abgetorften Moorfläche die Gärtnereisiedlung „Hinrichsfehn". Heute befinden sich in Wiesmoor über 50 Gärtnereien und Baumschulen sowie die größte zusammenhängende Gartenbaufläche Europas. 1977 wurde Wiesmoor „staatlich anerkannter Luftkurort". **Information:** Fremdenverkehrs-GmbH Luftkurort Wiesmoor, Hauptstraße 199, Tel.: 04944/9198-0 oder -13.

Führungen

Von März bis Oktober werden täglich zwischen 10.00 und 16.00 Uhr Führungen durch die großen Baumschul- und Gewächshausanlagen angeboten.

Sehenswertes

Blumenhalle

Die 1969 erbaute Blumenhalle bietet auf einer Fläche von 1500 Quadratmetern einen farbenprächtigen Überblick über die Vielzahl der Pflanzenkulturen, die in Wiesmoor gezogen werden. Die Blumenhallensaison beginnt im März mit einer großen Frühlingsblumenschau. Öffnungszeiten: März bis Oktober täglich von 10.00 bis 18.00 Uhr.

Moorkolonistenhaus (oben); der Nordgeorgsfehnkanal bei Wiesmoor (unten)

Torf- und Siedlungsmuseum

Das Torf- und Siedlungsmuseum erinnert an die schwere Zeit von Beginn der Moorkolonisation im Jahre 1765 bis zur Urbarmachung des 12000 Hektar großen Wiesmoores im Jahre 1906. Das Kolonistenhaus mit Torfbrunnen und Holboom sowie ein Backhau zeigen ein Kolonistenanwesen, wie es zur Zeit der Moorpioniere üblich war.

Freizeitangebote

Golf

Ein 18-Loch-Golfplatz lädt zu einem Besuch ein. Information: Blauer Fasan.

Wandern/Radfahren

Ein hervorragend ausgebautes Netz an Rad- und Wanderwegen ermöglicht Touren ohne Autoverkehr. Genauere Informationen erteilt die Fremdenverkehrs-GmbH.

Kanalfahrt

Bei der Kanalfahrt mit dem Fahrgastschiff „Moornixe" werden noch handbetriebene Schleusen passiert. Information: Fremdenverkehrs-GmbH.

Tagesprogramm

Wer mehr über die Entstehung und den Abbau des Moores erfahren möchte, kann unter Anleitung erfahrener „Moorpioniere" das „Moorvogt-Diplom" erwerben. Auf spaßige Art vor ernstem Hintergrund wird den Gästen das Moor und seine Eigentümlichkeit nähergebracht. Information: Fremdenverkehrs-GmbH.

Feste und Veranstaltungen

Ein Höhepunkt der Saison ist das jährlich am ersten Wochenende im September stattfindende „Blütenfest". Weitere Informationen sind beim Fremdenverkehrsamt erhältlich.

Wilhelmshaven
(Kreisfreie Stadt)

Die erste Besiedelung Wilhelmshavens datiert auf das Jahr 1383, als Seeräuber unter Edo Wiemken im heutigen Stadtteil Siebethsburg die „Edenburg" errichteten. Die eigentliche Gründung der Stadt begann jedoch erst 1853 mit dem Abschluß des Jade-Vertrags. Mit diesem Vertrag erwarb das Königreich Preußen vom Großherzogtum Oldenburg Land für den Bau eines Kriegshafens, der Voraussetzung zur Stationierung einer Flotte war. Am 17. Juni 1869 weihte König Wilhelm I. von Preußen (zwei Jahre später wurde er deutscher Kaiser) den Hafen ein und gab der um den Hafen entstandenen Stadt seinen Namen. 1873 erhielt Wilhelmshaven Stadtrecht. Bis zum Zweiten Weltkrieg, dem große Teile der nach Berliner Vorbild geschaffenen Bausubstanz zum Opfer fielen, war Wilhelmshaven eine reine Marinestadt. 1957 kam es im Zuge der Industrialisierung zum Bau des Ölhafens, dem einzigen Tiefseehafen Deutschlands. Ziel war es, die Wirtschaft zu forcieren, um die eigenständige Entwicklung der Stadt zu fördern. Gleichzeitig aber entdeckte man die reizvolle Lage am Meer für touristische Zwecke. Der hohe Erholungswert Wilhelmshavens wird durch den Beinamen „grüne Stadt am Meer" dokumentiert. **Information:** Wilhelmshaven-Informa-

Das Wilhelmshavener Rathaus

tion, Bahnhofsplatz 7, 26382 Wilhelmshaven, Tel.: 04421/ 91300-0.

Stadtführungen

Wer die Sehenswürdigkeiten der Innenstadt, den Marinehafen, die 4. Hafeneinfahrt und die zweitgrößte Seeschleuse der Welt besichtigen möchte, sollte sich eine Stadtführung/ Stadtrundfahrt nicht entgehen lassen. Lohnend ist außerdem die Teilnahme an der geschichtlich orientierten Führung unter dem Motto „Gang durch die Gründerzeit". Jeden Mittwoch um 15.00 Uhr wird zu einem Hafenspaziergang eingeladen. Treffpunkt: Feuerschiff. Information: Tel.: 04421/91300-0. Darüber hinaus bietet das Hotel Seeräuber

(Tel.: 04421/42444) einen „gastronomischen Abendspaziergang" für Erwachsene und spezielle Kinderprogramme (Stadtspiele) an.

Sehenswertes

Rathaus

Das 1929 eingeweihte Rathaus wurde von Prof. Fritz Höger entworfen. Der 49 Meter hohe Turm dient als Wasserreservoir und Aussichtspunkt. Von dort hat man einen hervorragenden Rundblick über Wilhelmshaven und den Jadebusen. Tel.: 04421/91300-0.

Kaiser-Wilhelm-Brücke

Die Kaiser-Wilhelm-Brücke wurde Anfang des 20. Jahrhunderts als größte Drehbrücke Europas erbaut (Spannweite: 159 Meter, Breite: 8 Meter). Auch heute noch steuert ein Wärter den Drehmechanismus zum Öffnen und Schließen der Brücke per Hand.

Kopperhörner Mühle

Die Kopperhörner Mühle, einst als Bockwindmühle errichtet, wurde 1839 zu einem Galerieholländer umgebaut. 1922 wurde sie von der Stadt Rüstringen gekauft und verpachtet. Anfang der 1980er Jahre ist die unter Denkmalschutz stehende Mühle von Grund auf renoviert worden. Sie wird seit 1985 durch die „Arbeitsgemeinschaft Kopperhörner Mühle" im Heimatverein „Die Boje" betreut. Öffnungszeiten: freitags 16.00-18.00 Uhr, Besichtigung und Führung nach Vereinbarung, Tel.: 04421/51589 (ab 19.00 Uhr).

Bauliche Zeugen aus königlich-preußischer Zeit

Das Robert-Koch-Haus wurde im Neu-Renaissancestil für die Polizeiverwaltung im königlich-preußischen Wilhelmshaven erbaut. Als das Gebäude 1950 zum Sitz des Gesundheitsamtes wurde, benannte man es nach dem Begründer der Bakteriologie, Robert Koch. Das Glockenspiel im Vordergiebel des Hauses erklingt täglich um 8.00, 12.00 und 18.00 Uhr. Adresse: Virchowstraße 17. Sehenswert ist auch das 1876 erbaute Werfttor I., Haupttor zur früheren Kaiserlichen Werft, dem heutigen Marinearsenal. Im Torbogen befindet sich noch heute ein Briefkasten mit der Aufschrift „Kaiserliche Werft". Mit 13,2 Metern ist der am Ölhafen gelegene „Rüstringer Berg" die höchste Erhebung Wilhelmshavens. Auf der Spitze befindet sich das Kupferdach des im Zweiten Weltkrieg zerstörten Paketannahmegebäudes des früheren Telegraphen- und Postamtes. Ein weiteres „Relikt" aus der alten Zeit ist die Spundwand am Fliegerdeich, die an die ersten Flieger der Kaiserlichen Marine erinnert, die von hier ab 1908 zu ihren Manövern aufstiegen.

Alte Burganlagen

Wer nicht glauben kann, daß im Mittelalter einst friesische Häuptlinge an der Macht waren, sollte die beiden noch vorhandenen historischen Burganlagen (Siebethsburg, Burg Kniphausen) besichtigen. Im Jahre 1383 begann der friesische Häuptling Edo Wiemken mit der Erbauung der „Sibetsburg". Von hier aus wurden die politischen Geschehnisse beiderseits der Jade mitbestimmt. Erhalten geblieben sind der etwa fünf Meter hohe, von doppelten Wällen und Gräben umgebe-

Die Kaiser-Wilhelm-Brücke

ne Burghügel sowie das Gelände der früheren Vorburg. Sehenswert ist außerdem die 1438 errichtete Burg Kniphausen. Als sie 1708 durch ein Feuer zerstört wurde, baute man den Marstall zur gräflichen Wohnung mit Verwaltungsräumen um. 1862 erwarb Fürst Edzart zu In- und Kniphausen die Burg vom Großherzogtum Oldenburg. Im Jahre 1977 wurde sie dem Verein zur Erhaltung der Burg Kniphausen übergeben. Der Ahnensaal und die dazugehörigen Räume werden heute für wechselnde Kulturveranstaltungen genutzt.

Alte Schiffe

Wer ein altes Schiff besteigen möchte, sollte einen Besuch des Bontekais nicht versäu-

men. Hier befinden sich das alte Weser-Feuerschiff „Norderney" (mit Restaurant) und der letzte mit Dampf betriebene deutsche Seetonnenleger „Kapitän Meyer". Öffnungszeiten des Restaurants auf dem Feuerschiff: täglich, außer Mo, 11.00-22.00 Uhr, Tel.: 04421/446779.

Kirchen

Die 1898-1900 in neugotischem Stil errichtete dreischiffige Banter Kirche ist aufgrund ihrer außergewöhnlich guten Akustik beliebter Aufführungsort für Kirchenkonzerte. Ebenfalls neugotischer Stilrichtung ist die 1869-72 über einem kreuzförmigen Grundriß erbaute Christus- und Garnisonkirche. Sie beherbergt ein sehenswertes Altarbild mit dem Titel „Durch das Kreuz zum Licht" sowie zahlreiche Gedenktafeln, Wappen und Flaggen der Kaiserlichen Marine und ein Ehrenmal für die in den Weltkriegen gefallenen Marinesoldaten. Information: Gemeindebüro, Tel.: 04421/41943; Öffnungszeiten: 1. Mai bis 30. September täglich 9.00-18.00 Uhr, 1. Oktober bis 30. April täglich 9.00-17.00 Uhr. Wesentlich älter ist die Heppenser St. Nikolai Kirche, ein frühgotischer, ursprünglich gewölbter Saalbau, der bereits 1495 erste urkundliche Erwähnung fand. Im Kircheninneren befindet sich eine kostbare Kanzel aus der Werkstatt Ludwig Münstermanns und ein altes Taufbecken aus dem 13. Jahrhundert. Anschrift: Heppenser Straße 29, Tel.: 04421/ 302279; Öffnungszeiten: täglich 8.00-16.00 Uhr (außer Mi). Wer weiter auf den Spuren alter Kirchen bleiben möchte, sollte die aus dem 14. Jahrhundert stammende St.-Jakobi-Kirche besuchen. Das älteste Gotteshauses Wilhelmshavens beheimatet ein Taufbecken aus dem 13. Jahrhundert, eine von Ludwig Münstermann erbaute Kanzel und einen aus dem Jahr 1664 stammenden Altar. Anschrift: Kirchreihe 104, Tel.: 04421/720-33 oder 34; Öffnungszeiten: 1. April bis 31. Oktober täglich 8.00-18.00 Uhr.

Denkmäler

Der Friedrich-Wilhelm-Platz beherbergt einen Gezeitenanzeiger, ein Denkmal für Wilhelm I., den Gedenkstein „Frieden-Freiheit-Wiedervereinigung", und ein Denkmal für die vielen Werftarbeiter, die zu den ersten Bewohnern Wilhelmshavens gehörten. Bei letzterem handelt es sich um eine Bronzeplastik des Worpsweder Künstlers Waldemar Otto, die einen Werftarbeiter als Stellvertreter der gesamten Gruppe zeigt. Ein weiteres Denkmal ist das Adalbertdenkmal am Adalbertplatz. Das vom Berliner Bildhauer Karl Schuler entworfene und durch Spenden der Marineoffiziere finanzierte Denkmal erinnert an Prinz Adalbert von Preußen, den ersten Admiral der preußischen Marine und Initiator der Gründung Wilhelmshavens.

Dampflok

Die ausgemusterte, heute als Anschauungsobjekt dienende Güterzuglokomotive 44 606 befindet sich auf einem nicht mehr genutzten Gleis am Bontekai. Eine Besichtigung der Lok ist nach Absprache möglich. Information: Eisenbahnfreunde Friesland e.V., Otto-Meentz-Straße 50, Tel.: 04421/27497.

Seewasser-Aquarium

Das Seewasser-Aquarium wurde am 11.4.1927 eröffnet. Nach einer kriegsbedingten Unterbrechung kam es 1950 zur Wiedereröffnung des Aquariums an heutiger Stelle. Auf einer Fläche von ca. 600 Quadratmetern erhält der Besucher einen interessanten Einblick in das Leben der Nordsee. Besondere Attraktion ist das über zwei Etagen reichende Seehundsbecken. Adresse: Südstrand 21, Tel.: 04421/41142. Täglich geöffnet, 1. September bis 30. Juni: 10.00-17.30 Uhr, 1. Juli bis 31. August: 10.00-18.00 Uhr.

Natur- und vogelkundliche Ausstellungen

Die Ausstellung des Wattenmeerhauses gibt Einblicke in den Lebensraum Wattenmeer, verschiedene Tierarten und den Schutz der Seevögel. Information: Nationalparkzentrum, Wattenmeerhaus, Südstrand 110 b, Tel.: 04421/91070. Empfehlenswert ist außerdem ein Abstecher zur Pottwal-Ausstellung. Am 4. November 1994 strandete vor der Ostfriesischen Insel Baltrum ein Pottwal. Wissenschaftler aus Deutschland und den Niederlanden entnahmen die Organe und retteten sie so vor der Verwesung. Seit Juli 1997 sind diese Organe zusammen mit dem Skelett in Wilhelmshaven ausgestellt. Adresse: Südstrand 106, Werkstattausstellung, Tel.: 04421/455115 und 91300-0; Öffnungszeiten: Täglich ab 10.00 Uhr, von November bis März, montags geschlossen. Interessant ist auch ein Besuch der „Vogelwarte Helgoland". Sie zeigt im ehemaligen Fort Rüstersiel in der Heinrich-Gätke-Halle eine Ausstellung über Gätkes Arbeiten und das Vogelleben an der Küste. Öffnungszeiten: Di 8.00-13.00 Uhr, Do 13.00-17.00 Uhr; Tel.: 04421/9689-0.

Deutsches Marinemuseum

Das Gebäude des Museums steht unter Denkmalschutz. Es wurde im Jahre 1888 als Werkstattgebäude der Kaiserlichen Werft erbaut. Dem Besucher wird die Geschichte der deutschen Marine in ihren politischen und sozialen Zusammenhängen nahegebracht. Das zentrale Thema des Museums ist der Weg der deutschen Marine von der Flotte des Deutschen Bundes 1848 bis zu aktuellen Marineaufgaben. Interessant ist auch das Freigelände, auf dem marinebezogene Exponate ausgestellt sind (U-Boot, Starfighter, Minenjagdboot). Adresse: Südstrand 125, Tel.: 04421/41061-63.

Küsten-Museum

Das Küsten-Museums informiert über die Entstehung der Nordseeküste, über Ausgrabungen vorgeschichtlicher Wurtensiedlungen, über den Bau der Deiche, über die Entwicklung der Seeschiffahrt und über die Geschichte und Bedeutung der Stadt Wilhelmshaven. Adresse: City-Haus, Rathausplatz 10, Tel.: 04421/16-1460; Öffnungszeiten: Di-Do 10.00-16.00 Uhr, Fr 10.00-12.30 Uhr.

Galerien

Viele private Galerien haben Wilhelmshaven zu einem Geheimtip für Kunstfreunde gemacht. Besonders hervorzuheben ist die Galerie Perspektive e.V., die das kulturelle Angebot der Stadt erweitert und ergänzt. Ziel ist es, jungen Künstlern die Möglichkeit zu geben, sich und ihre Werke zu präsentieren. Das Programm wird über die Tagespresse bekannt gegeben (z.B. Konzerte: Klassik Jazz, Folklore, Pop, Experimentelles Kabarett, Lyrik, Theater, Lesungen, Seminare, Workshops und vieles mehr). Öffnungszeiten: Di-Do 10.00-13.00 Uhr, Mi-So 19.00-22.00 Uhr; Tel.: 04421/301397. Adresse: Schellingstraße 21. Sehenswert ist außerdem die Galerie M im Kunsthaus, in dem verschiedene Kunsthandwerker und Künstler mit ihren Arbeiten vertreten sind. Anschrift: Christa Marxfeld-Paluszak, Kanalstraße 43, Tel.: 04421/454104; Öffnungszeiten: Mi. Do, Sa u. So: 15.30-18.30 Uhr und nach Vereinbarung. Zu empfehlen ist außerdem ein Besuch der Graphothek, die sich in der Weserstraße 78 befindet.

Kunsthalle

In der 1968 erbauten Kunsthalle werden Wechselausstellungen von Künstlern aus Gegenwart und Vergangenheit präsentiert. Das vielseitige Ausstellungsprogramm wird durch Vorträge, Diskussionen, Führungen und Projekte abgerundet. Darüber hinaus werden Fahrten zu kulturellen Ereignissen

anderer Städte unternommen. Adresse: Adalbertstraße 28, Tel.: 04421/41448; Öffnungszeiten während einer Ausstellung: Täglich (außer montags) von 11.00-17.00 Uhr, Do 11.00-21.00 Uhr.

Schaugarten mit Rosarium

Der am Stadtpark gelegene Schaugarten ist eine Anlage, die an die großen fürstlichen Gärten des Barocks erinnert. Er hat eine Größe von 4 Hektar und besteht aus kleinen Broderien, mehreren Teichanlagen, einem Rosarium mit zahlreichen verschiedenen Rosenstöcken sowie verschiedenen Biotopen. Während der Saison ist der Schaugarten täglich geöffnet.

Botanischer Garten

Der Botanische Garten hat sich aus einem Schulgarten heraus zu einer gern besuchten Kultureinrichtung entwickelt. Die Besucher finden genau beschildert, was auf Moor und Heide, außen- und binnendeichs, am Strand und in den Dünen, in den Wäldern, an Teichen und auf Feldern wächst. Darüber hinaus gibt es einen Technologischen Garten, ein Arzneipflanzenbeet, ein Gewächshaus und vieles mehr. Öffnungszeiten: 1. Oktober bis 30. April Mo-Fr 9.00-14.00 Uhr, Sa 9.00-12.00 Uhr, So u. Feiertage 10.00-12.00 Uhr, Tropenhaus täglich 10.00-12.00 Uhr, 1. Mai bis 30. September Mo-Fr 7.00-18.30 Uhr, Sa 7.00-12.00 Uhr, So u. Feiertage 10.00-16.00 Uhr. Lage: Gökerstraße 125, Tel.: 04421/304543.

Störtebeker Park

Der als Freizeit- und Umweltpark angelegte Störtebeker Park befindet sich auf einem zwei Hektar großen Gelände im Stadtnorden. Er beherbergt u.a. die Modelle der Siebethsburg und der Burg Kniphausen sowie einen umfangreichen Spielbereich für Kinder. Mit Feuchtbiotop, Schilfkläranlage, Regenwasserreservoir und einem Bauern- und Kräutergarten vermittelt der Park außerdem Umweltschutzideen und ökologisches Wissen. Adresse: Freiligrathstraße 426, Tel.: 04421/64954. Öffnungszeiten: Sa 14.00-18.00 Uhr, So/Feiertage 11.00-18.00 Uhr.

Windpark

Deutschlands erster Großwindpark entstand in Wilhelmshaven. Drei Windenergiekonverter des Typs Monoteros 50 gingen hier im November 1989 ans Netz. Information: Jade-Windenergie Wilhelmshaven GmbH, Tel.: 04425/1272, Inhausersieler Straße 17; Öffnungszeiten: Mo-Do 7.30-15.30 Uhr, Fr 7.30-13.00 Uhr, Sa u. So sowie an Feiertagen geschlossen.

Marktstraße/Nordseepassage mit Bahnhof

Die Nordseepassage ist ein modernes Einkaufszentrum, das den Wilhelmshavener Hauptbahnhof umschließt. Nur ein paar Schritte weiter liegt die Marktstraße. Sie ist die längste autofreie Einkaufsmeile der Stadt.

Größtes Graffiti Deutschlands

Ein Tank mit einer Fläche von 1600 Quadratmetern wurde von Schülern aus Wilhelmshaven und dem Umland in den Sommerferien 1997 besprayt. Lage: Areal der Betreibergesellschaft „Nord-West-Ölleitung".

Luftaufnahme der Strandpromenade

Freizeitangebote

Segeln

Das ideale Revier für Segelanfänger ist der Banter See. Information: Segelschule Wilhelmshaven: Banter Deich 16, Tel.: 04421/994214. Wer es rasant mag, hat die Möglichkeit, das Katamaransegeln auszuprobieren. Information: Katamaran Segelschule, Südstrand 1, Tel.: 04421/45131. Fahrtensegler kommen mit der 2-Mast-Gaffelketsch „Klaus Störtebeker III" der Segelkameradschaft „Klaus Störtebeker e.V." (Info-Tel.: 04421/91300-0) oder mit der 17 Meter langen „Amun-Ra" aus Mahagoni voll auf ihre Kosten (Info: Skipper Holger Liebert, Gödenser

Weg 24, Tel.: 04421/309217). Wer ein Schiff chartern möchte, kann sich an folgende Adressen wenden: Sven-Hedin-Str. 63, Tel.: 04421/878224, Hafenbüro, Südstrand 96, Tel.: 04421/41613, Ego Yachtcharter Wilhelmshaven, Marco-Polo-Straße 15, Tel.: 04421/998200.

Windsurfen

Die Windsurfer haben das Jaderevier schon längst als Surfspot ausfindig gemacht. Nicht nur während der Urlaubssaison, sondern gerade während der stürmischen Frühlings- und Herbstzeit fühlen sie sich auf dem rauhen Wasser bei 6 bis 7 Windstärken so richtig wohl. Sie treffen sich meist am Fliegerdeich. Anfänger tummeln sich am Banter See. Eine Surfschule bietet entsprechende Kurse an. Information: Surfschule Heeren, Flutstraße 125, Tel.: 04421/51901.

Schiffsfahrten

Das Bäderschiff MS „Etta v. Dangast" bringt Sie zu den Seehundsbänken oder nach Hooksiel, Eckwarderhörne und Dangast. Auskunft: Kapitän Anton Tapken, Bordumer Straße 4, Varel, Tel.: 04451/7963. Mit der Personen- und Fahrradfähre MS „Harle Kurier" können Sie vom Helgolandkai nach Eckwarderhörne übersetzen. Info-Tel.: 04421/43443 und 04464/9495-30. Außerdem besteht die Möglichkeit, mit der MS „Wilhelmshaven" nach Helgoland zu fahren. Wann? Vom 25. April bis 3. Oktober täglich um 9.00 Uhr. Besonders interessant ist die Teilnahme an einer Hafenrundfahrt mit der MS „Harle Kurier" täglich um 11.00, 13.00, 15.00 Uhr. Treffpunkt: Helgolandkai. Information: Reederei Warrings, Tel.: 04464/9495-0 und 04421/43443.

Angeln

In den Küstengewässern dürfen Sie ohne Erlaubnisschein angeln. Im Hafenbereich und für das Angeln in Binnengewässern und im Ems-Jade-Kanal (ab Sanderbusch) wird ein Fischereierlaubnisschein benötigt. Dieser ist erhältlich bei Samen Römer, Gökerstraße 86; Zoo Bringmann, Preußenstraße 44c; Friesen-Hotel, Ebkeriege 52. Info-Tel.: 04421/71593, Sportfischerverein e.V. Außerdem besteht die Möglichkeit, mit den Hochseekuttern MS „Möwe" und MS „Jeverland" in See zu stechen. Information: Tel.: 04425/1737, Elbeplan GmbH.

Paddeln/Rudern/Tretbootfahren

Von den gemütlichen Wandertouren auf den Kanälen und Tiefs bis hin zu Seekajaktouren auf dem Jadebusen und zu den Ostfriesischen Inseln ist alles möglich. Infos: Tel.: 04421/994287 oder im Laden „Unterwegs" in der Nordseepassage. Von April bis September kann man außerdem mit dem Tretboot den Banter See zu erkunden. Information: Bootsverleih „Zum Fährhaus" am Banter See, Hentschelstraße, Tel.: 04421/202622.

Reiten

„Auf dem Rücken der Pferde liegt das Glück dieser Erde". Von diesem Satz können Sie sich selbst überzeugen, zum Beispiel bei einem Deichritt. Adressen: Reit- und Fahrverein Knyphausen e.V., Steindamm 2, Tel.: 04423/2066 oder 1668; Reit- und Fahrverein Wilhelmshaven e.V., Freiligrathstraße 117, Tel.: 04421/60637; Reit- und Fahrverein Heppens, Mühlenweg 2a, Tel.: 04421/301876; Reitsportverein Altengroden e.V., Altengrodener Weg 85.

Wandern/Radfahren

Der Südstrand mit seiner Promenade, der Fliegerdeich und der Geniusstrand bieten reizvolle Kulissen für erholsame Spaziergänge und Radtouren. Aber auch das Stadtgebiet mit seinen ausgedehnten Grünflächen ist durch ein umfangreiches Radwegenetz gut erschlossen. In der ältesten Parkanlage Wilhelmshavens, dem Kurpark, ist ein naturkundlicher Lehrpfad eingerichtet worden. Am Parkteich grüßen „Hein und Grete", zwei Skulpturen des Bildhauers Kurt Rieger (Lage: An der Bismarckstraße). Tip: Besuchen Sie die Kurkonzerte in der Musikmuschel im Kurpark. Aber auch der 57 Hektar große Stadtpark, angelegt vom Gartenbauarchitekten Leberecht Migge, ist ein Dorado für Spaziergänger und Radfahrer. Wer eine längere Tour plant, kann sich am über 130 Kilometer langen Jadeweg orientieren. Er beginnt in unmittelbarer Nähe des Wilhelmshavener Bahnhofs. Gekennzeichnet ist er durch ein weißes „J" auf schwarzem Grund. Wanderpläne sind bei der Wilhelmshaven-Information erhältlich. Infos zum Jadeweg: Wiehengebirgsverband Weser-Ems e.V., Bierstraße 17/18, 49074 Osnabrück, Tel.: 0541/29771. Übrigens: Joggern steht ein Waldsportpfad im Stadt- und Kurpark zur Verfügung.

Boule

Das Gelände am Stadtteilhaus Ruscherei bietet mit seinem alten Baumbestand und den beleuchteten Bahnen das richtige Ambiente für eine Partie Boule. Adresse: Ubbostraße 1, Tel.: 04421/85191, Petanque-Club Ruscherei Wilhelmshaven e.V.

Ballonfahrten

Infos: Flight Center, Tel.: 04222/3789; Phönix Balloning, Hatten, Tel.: 0441/26461.

Schwimmen

Schwimmen kann man in den Sommermonaten am Süd- und am Geniusstrand sowie im Banter See (Klein-Wangerooge). Wer lieber in beheiztem Wasser badet, kann natürlich eines der Frei- oder Hallenbäder besuchen. Adressen: City-Hallenbad, Kieler Straße 51/53, Tel.: 04421/26408; Freibad Nord, Möwenstraße, Tel.: 04421/52783; Hallenbad Sportforum, Friedenstraße 33, Tel.: 04421/81993; Freibad Sportforum, Friedenstraße 33a, Tel.: 04421/85388; Kurbad Gesundbrunnen, Mozartstraße 36, Tel.: 04421/21212; Sandstrand Geniusbank (Tel.: 04421/995035), Sandstrand Klein-Wangerooge (Tel.: 04421/41444), Südstrand (Tel.: 04421/43419), Meerwasser-Hallenwellenbad Hooksiel, Zum Hallenbad, Tel.: 04425/958030.

Rundflug/Flugsport

Angeboten werden innerdeutsche Flüge zu vielen großen Städten, zu den Nordseeinseln sowie Rund- und Charterflüge. Gestartet wird vom Flugplatz Mariensiel. Wer sich für die Sportfliegerei interessiert, kann sich an die Flugschule (auch Ultra-Light) wenden. Adresse: Flugplatz Mariensiel, Tel.: 04421/202333.

Kunstschule

Die Kunstschule „Die Werft" kennzeichnet ein umfangreiches Angebot, das sich gleichermaßen an Fortgeschrittene und Anfänger richtet. Auf dem Programm stehen z.B. Malen, Zeichnen, Fotografieren, Gestalten und Musizieren. Adresse: Banter Deich 16.

Feste und Veranstaltungen

Kulturelles

Besonders zu empfehlen ist ein Besuch des Stadttheaters. Das abwechslungsreiche Programm der Landesbühne Niedersachsen reicht von klassischen Stücken bis zum Boulevard. Sogar der Rosenhügel im Stadtpark wird von Juli bis August zur Bühne. Information: Virchowstraße 42-44, Tel.: 04421/9401-0. Nach vorheriger Anmeldung kann man die Werkstätten, die Requisiten, den Malersaal, die Tischlerei, die Maskenbildnerei und die Kostümschneiderei besichtigen. Das Theatercafé „Mephisto" lädt im Anschluß zu einer Stärkung ein (Tel.: 04421/940128). Zu empfehlen ist außerdem ein Besuch des Jungen Theaters. Die Spielstätte befindet sich in der Rheinstraße 91, Tel.: 04421/940134 oder 04421/94010. Nennenswert ist auch die Niederdeutsche Bühne am Stadttheater Wilhelmshaven e.V., Tel. 04421/42583-42588 (Mo-Fr 16.00-18.00 Uhr). Ein beliebter Veranstaltungsort ist die Wilhelmshavener Stadthalle. Hier gilt das Motto „Alles ist möglich": Konzerte, Shows, Kongresse, Tagungen, Messen, Festbälle, Bankette, Modenschauen, Ausstellungen … Adresse: Grenzstraße 32, Tel.: 04421/92790. Ein Kulturzentrum der besonderen Art ist das Pumpwerk, das sich seit seiner Eröffnung im Jahr 1976 durch sein vielfältiges Programm im gesamten Nordwesten Deutschlands einen Namen gemacht hat. Ein heißer Tip sind die Wilhelmshavener Maritime Filmtage (Info-Tel.: 04421/42500). Besonderer Beliebtheit erfreut sich übrigens der sonntägliche Frühschoppen. Anschrift:

Kulturzentrum Pumpwerk, An der Deichbrücke, Tel.: 04421/43877 oder 43866. Liebhaber klassischer Musik sollten einen Kammermusik-Abend nicht versäumen. Stimmungsvoller Veranstaltungsort ist die Burg Kniphausen. Auf dem Programm stehen Klavierkonzerte, Kammermusik und Liederabende.

Und: Freunde sonntäglicher Kurkonzerte treffen sich an der Musikmuschel im Kurpark.

Expo am Meer

Bei der Expo am Meer handelt es sich um das maritime Highlight zur deutschen Weltausstellung 2000. Die Expo am Meer ist Wilhelmshavens Beitrag zur Expo 2000 in Hannover. Vom 1. Juni bis zum 31. Oktober 2000 werden Besucher aus aller Welt über Ozeane, Inseln, Küsten, Häfen und Schiffe informiert. Verschiedenartigste Schiffe werden nach Wilhelmshaven kommen, wie z.B. berühmte Windjammer, neueste Schnellfähren, traditionelle Bootstypen und Solarboote. Dieser Schiffspark wird an Land durch Ausstellungen und Veranstaltungen ergänzt.

Wochenende an der Jade

Das Wochenende an der Jade findet am ersten Juli-Wochenende statt. Zu dieser Zeit wird die Jadestadt durch zahlreiche Besucher zu einem Schmelztiegel der Nationen. Seelords aus Großbritannien, Norwegen oder Amerika sowie die vielen Freunde aus den Partnerstädten Vichy, Dunfermline und Norfolk feiern mit Wilhelmshaven das traditionelle Stadtfest rund um den Großen Hafen. Im Rahmen dieses Festes veranstaltet die Bundesmarine einen Tag der offenen Tür.

Südstrandfest

Das Südstrandfest leitet den Sommer ein. Es ist ein Frühlingshighlight für die ganze Familie. Die Gastronomie lockt mit Spezialitäten und bis spät in die Nacht ist Live-Musik zu hören. Tagsüber gibt es ein umfangreiches Programm für die Kleinen mit Clownerie und Spiel- und Spaßaktionen.

Wittmund
(Landkreis Wittmund, Kreisstadt)

Wittmund liegt wie die Mehrzahl der ostfriesischen Städte auf einem Geestrand. Durch die Hochlage war die Stadt stets sturmflutsicher. Diese Voraussetzung sicherte ihr im Laufe der Jahrhunderte eine ungestörte Entwicklung. Erstmalig erwähnt wurde Wittmund im 12. Jahrhundert unter dem Namen „Wittmundheim" oder „Widimundheim", was soviel heißt wie „der Ort an der weiten Mündung". Gemeint war damit die Mündung der Harle in den Harlebusen, der im 12. Jahrhundert noch bis nach Wittmund reichte. Der Häuptling Siebet Attena erbaute im Jahre 1461 das Wittmunder Schloß, das er durch Wallanlagen und Schloßgräben sicherte. In den Folgejahren gab es verschiedene Versuche, das Schloß zu erobern. Um diese Kämpfe entstanden sagenumwobene Geschichten: Zu den Eroberern gehörte unter anderem der Jeveraner Bojung von Oldersum, der Bräutigam von Fräulein Maria von Jever. Während der Belagerung des Wittmunder Schlosses fiel Bojung durch eine Kugel der Verteidiger. Als Maria diese Nachricht erhielt, soll sie sich der Sage nach durch einen unterirdischen Gang auf den Weg nach Wittmund gemacht haben, wo sie bis heute nicht angekommen ist. Seit dieser Zeit läuten abends um 21.00 Uhr in Wittmund und Jever die Kirchenglocken, um Fräulein Maria den Weg zu weisen. Im Jahre 1567 erhielt Wittmund Stadtrechte, die allerdings später wieder verfielen und erst 1929 wieder in Kraft traten. Besonders zu erwähnen ist das Nordseebad Carolinensiel-Harlesiel, das sich wachsender Beliebtheit erfreut. Entstanden ist Carolinensiel im Jahre 1730 nach einem Aufruf des Fürsten Georg-Albrecht von Ostfriesland zur Besiedelung des neuen Hafens nebst Siel. Das Siel hatte der Fürst nach seiner Frau Carolina benannt. **Information:** Kurverwaltung Carolinensiel-Harlesiel, Bahnhofstraße 40, Tel.: 04464/94930, Fax: 04464/949323 und Tourist-Information Wittmund, Am Markt 15, Tel.: 04462/2181 oder 983-125, Fax: 04462/2182 oder 983-299.

Sehenswertes

Kirchen

Die St. Nicolai-Kirche bildet das Zentrum des ältesten Teils Wittmunds. Das Gotteshaus ist Nachfolger einer im 9. Jahrhundert errichteten Sendkirche. Im 15. Jahrhundert baute das Geschlecht der Kankena die Kirche zu einer Wehrkirche aus. Erwähnenswert ist auch das Gotteshaus in Carolinensiel. Die 1776 geweihte Kirche steht auf einem alten Deichzug an der Mühlenstraße. Sehenswert sind der barocke Kanzelaltar sowie drei Schiffsmodelle, die ihren Platz im Kirchenraum gefunden haben und die enge Verbindung der Menschen zur Küste symbolisieren. Nicht versäumen sollten Sie den Besuch einer Ende des 12. Jahrhunderts erbauten Granitquaderkirche, von denen es in Ostfriesland nur noch wenige gibt. Die Kirche ist Wahrzeichen der Ortschaft Asel. Vier

Meter vom Gotteshaus entfernt befindet sich der Glockenturm, der im Jahre 1661 aus den Backsteinen seines Vorgängerbaus errichtet wurde. Ein weit über Ostfrieslands Grenzen hinaus bekanntes Kunstwerk ist die um 1300 entstandene Funnixer Kirche. Sie beherbergt einen dreiteiligen Schnitzaltar, der mit feinen Skulpturen versehen ist. Weitere sehenswerte historische Kirchen befinden sich in den Ortschaften Ardorf, Berdum, Blersum, Burhafe, Buttforde, Eggelingen und Leerhafe.

Zeitzeugen

An der Stelle, wo heute das Kreisverwaltungsgebäude steht, erbaute Siebet Attena im Jahr 1461 das Wittmunder Schloß. Der zum Schutz angelegte Wall ist bis heute erhalten geblieben. Seine ursprüngliche Länge betrug 450 Schritt. Der Schloßpark, der zum ehemaligen Schloß gehörte, bietet auch heute noch Gelegenheit zu einem beschaulichen Spaziergang. Sehenswert ist auch das Wittmunder „Groot Hus", ein imposantes barockes Giebelhaus an der Mühlenstraße. Über der Haustür prangt ein Adelswappen, das der Stadt als Zeichen der Freundschaft vom „Zar Peter dem Großen" verliehen wurde. Um der Spur der Zeitzeugen zu folgen, sollte man sich nach Berdum begeben. Das im Jahre 1420 erstmals urkundlich erwähnte Dorf beheimatete Häuptlinge, die ihren Sitz im „Haus Berdum" hatten. Die Gebäude auf der Warft sind teilweise noch erhalten. Burggraben und Burgwall sind deutlich erkennbar. Seit vielen Jahren wird das „Haus Berdum" als landwirtschaftlicher Betrieb genutzt. Übrigens: Wer nicht glauben kann, daß die Ortschaft Asel einmal eine Insel inmitten der Harlebucht war, sollte den alten Deichzug Asel besuchen.

Heimatmuseum Peldemühle in Wittmund

Museen

Das Heimatmuseum in der Peldemühle (Esenser Straße) stellt Gegenstände aus Handwerk und Landwirtschaft aus. Der wehrgeschichtliche Lehrraum des Jagdgeschwaders 71 Richthofen präsentiert die Geschichte der Fliegerei. Eine Ausstellung über die Zeit der Luftschiffe finden Sie im Zeppelin-Zimmer Wittmundhafen in Ardorf. Die Geschichte des einst so bedeutenden Hafens Carolinensiel und auch anderer Sielorte wird im Sielhafenmuseum in Carolinensiel dargestellt. Das Museum ist in den Gebäuden „Groot Hus", „Alte Pastorei" und dem „Kapitänshaus" untergebracht. Besonders se-

175

Binnenhafen in Carolinensiel

henswert ist auch das Spielzeugmuseum Carolinensiel, dem im „Olen Huus van 1866" ein dekorativer Rahmen gegeben wurde. Gezeigt wird, was Kinderherzen höher schlagen ließ: ob Schaukelpferd, Teddybären oder Puppen, von der alten Dampfmaschine und der Eisenbahn über den Kaufmannsladen bis zum Zoo.

Nationalpark-Haus Carolinensiel

In der „Alten Pastorei" befindet sich ein Informationszentrum der Nationalparkverwaltung Niedersächsisches Wattenmeer. Hier können sich Gäste und Bürger über die verschiedenen Regelungen der Nationalparkverordnung, über die Geschichte und über das Problem der Gefährdung des Watten-

meeres informieren. Adresse: Pumphusen 3, Tel.: 04464/8403.

Häfen

Einzigartig sind die drei hintereinander liegenden Häfen des Nordseebads Carolinensiel-Harlesiel (Hafen Harlesiel, Hafen Friedrichsschleuse und der Hafen Carolinensiel, letztere sind heute Binnenhäfen). Der „Alte Hafen" Carolinensiel ist heute Museumshafen und damit Liegeplatz für viele Schiffe aus damaliger Zeit. Der kleine Hafen vor der Friedrichsschleuse verlor seine Funktion, als 1956 das Harlesiel mit Sielschleuse und Schöpfwerk fertiggestellt wurde. Heute ist er Ausgangs- und Versorgungshafen zur Insel Wangerooge und zugleich Heimat- und Liegehafen vieler Fischkutter. Sehenswert ist auch der Hafen Harlesiel mit der Kurpromenade, die zugleich direkter Fußweg zwischen Carolinensiel und Harlesiel ist.

Miniaturstadt „Lütge Land"

Die Miniaturstadt „Lütge Land" findet man in Altfunnixsiel. Die Miniaturstadt zeigt Modelle bekannter Bauwerke im Maßstab 1:25.

Freizeitangebote

Kulturreise

Die Kulturreisen stehen unter dem Motto „Wege in die Romanik" und sind ein kulturhistorisches Modellprojekt. Unterlagen mit dem Tourenvorschlag „Friesische Granitquaderkirchen" in den Landkreisen Wittmund und Friesland sind erhältlich bei der Ostfriesischen Landschaft in Aurich, Tel.: 04941/ 1799-0.

Ostfriesen-Abitur

Seit 1977 bietet Wittmund das bekannte Ostfriesen-Abitur an. Der Sinn dieses Examens besteht darin, die Gäste mit der Landschaft und den Menschen vertraut zu machen. Sie sollen Ostfriesland, sein Brauchtum, seine Baudenkmäler, aber auch die Lebensart der Ostfriesen kennenlernen. In der Vor- und Nachsaison werden tolle Erlebnisprogramme mit Ostfriesen-Abitur für Gruppen, Vereine und Clubs angeboten.

Schwimmen/Sport

Für Fun und Fitneß sorgt der Freizeitpark in Wittmund-Isums. Er bietet u.a. Tennisplätze,

einen Bootsverleih und ein beheiztes Freibad mit Wasserrutsche, Sportschwimm- und Kinderbecken sowie einer Spiel- und Liegewiese. Beheizte Freibäder findet man außerdem in Ardorf und Leerhafe. Wenn Sie natürliches Seewasser bevorzugen, können sie den Sand- und Badestrand in Carolinensiel-Harlesiel oder das dortige Seewasserbad besuchen (Tel. der Strandkorbvermietung: 04464/ 9493-0).

Wandern/Radfahren

Das Nationalpark-Haus Carolinensiel („Alte Pastorei", Pumphusen 3, Tel.: 04464/8403) organisiert Touren durch die Natur. Besonders zu empfehlen ist ein Ausflug ins Wattenmeer. Im Kreisnaturschutzhof im Wittmunder Wald (Willen-Hohehahn) können Sie zum Thema „Natur begreifen – Natur schützen" Ausstellungen besuchen, die zum aktiven Mitmachen einladen. Wer möchte, kann an einer Waldführung teilnehmen (Info-Tel.: 04462/983-0).

Fischkutterfahrt

Mit den in Harlesiel beheimateten Fischkuttern kann man zum Krabbenfang oder zum Makrelenangeln „in See stechen". Dazu muß man allerdings frühzeitig aufstehen, da die Fischkutter bei Einsetzen der Flut zum Fischfang auslaufen.

Kinderprogramm

Kinder werden in der Saison regelmäßig im „Haus des Gastes" von Puppenspielern oder Zauberern begeistert. Daneben werden Bastel- und Malnachmittage mit kreativen Anregungen angeboten. Auf dem Verkehrsübungsplatz in Wittmund können die Kleinen mit „richtigen" Miniautos fahren und ihre Verkehrssicherheit erproben.

Feste und Veranstaltungen

Heimatliches

Die Heimatabende im „Sielkrug" zu Carolinensiel sind aufgrund großer Nachfrage zur ständigen Einrichtung geworden. Im „Haus des Gastes" bietet sich die Gelegenheit, den Shanty-Chor mit Liedern und Döntjes von der Waterkant zu erleben. Der Shanty-Chor Carolinensiel ist einer der ältesten Shanty-Chöre an der Nordseeküste. Er ist weit über die Grenzen Ostfrieslands bekannt geworden. Zu empfehlen ist außerdem ein Besuch der Versteigerung von landwirtschaftlichen Geräten und Tieren in plattdeutscher Mundart. Sie findet jedes Jahr im Mai in Leerhafe statt.

Märkte

Der Bürgermarkt, der jeweils am dritten Wochenende im Juli stattfindet, hat sich zu einer Großveranstaltung innerhalb der Stadt Wittmund entwickelt. Besonders zu empfehlen ist außerdem der „Ollsieler Plum'n-Markt". Dieser nostalgische „Kram-, Flachs- und Handelsmarkt" findet im Spätsommer (zur Zeit der Pflaumenreife) in Altfunnixsiel statt.

Festivitäten

Eine der größten Veranstaltungen ist das Straßenfest in Carolinensiel. Höhepunkt ist die Illumination des Hafens mit über 1000 Fackeln und einem Höhenfeuerwerk. Interessieren Sie sich für alte Segelschiffe? Dann sollten Sie unbedingt das Hafenfest besuchen. Jeweils Anfang August treffen sich im „Alten Hafen Carolinensiel" unzählige alte Segelschiffe zum Hafenfest, um die Tradition des ehemals großen Handelshafens wieder lebendig werden zu lassen. Die in Harlesiel beheimateten Fischkutter fahren festlich geschmückt und beleuchtet, unter Mitnahme von Gästen, einen nächtlichen Korso auf der Harle zwischen Carolinensiel und Harlesiel. In der kalten Jahreszeit, wenn das Eis der Harle trägt, treffen sich die Schlittschuhläufer von nah und fern in Altfunnixsiel zum traditionellen Eisfest. Übrigens: Altfunnixsiel ist das Mekka der heimischen Kanuten. Auf der Harle wird einmal in der Saison eine Regatta mit vielen optischen „Leckerbissen" dargeboten. Zu empfehlen ist außerdem das Schleusenfest an der Friedrichsschleuse sowie die Hafenfeten der Dorfgemeinschaft Carolinensiel-Harlesiel. Das komplette Veranstaltungsprogramm finden Sie im „Harlesieler Kompaß", dem Veranstaltungskalender von Carolinensiel-Harlesiel und Wittmund. Er liegt dem Urlaubsmagazin „Moin moin" bei.

Ortsverzeichnis

Stichwortverzeichnis

Stichwortverzeichnis

Stichwortverzeichnis

Stichwortverzeichnis

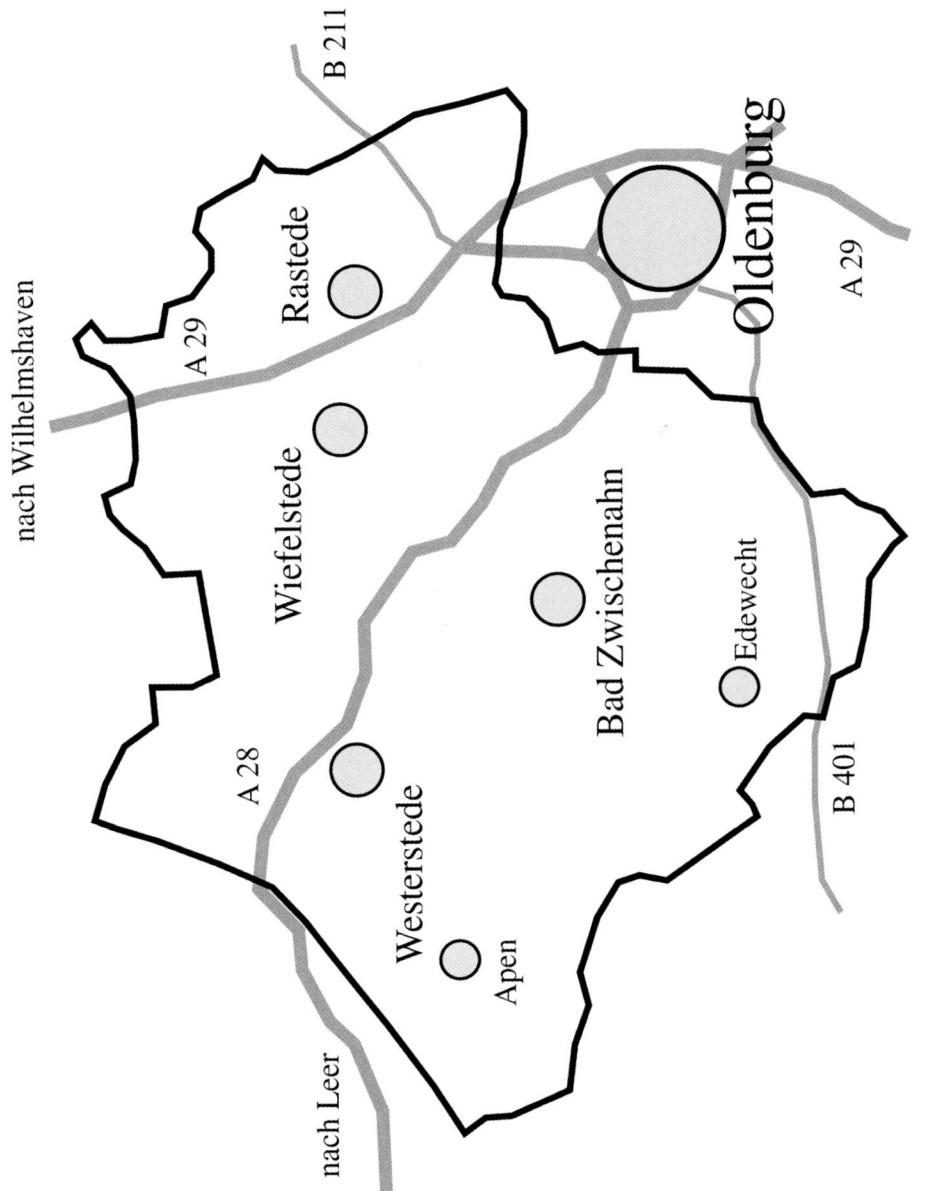

Übersichtskarte Ammerland

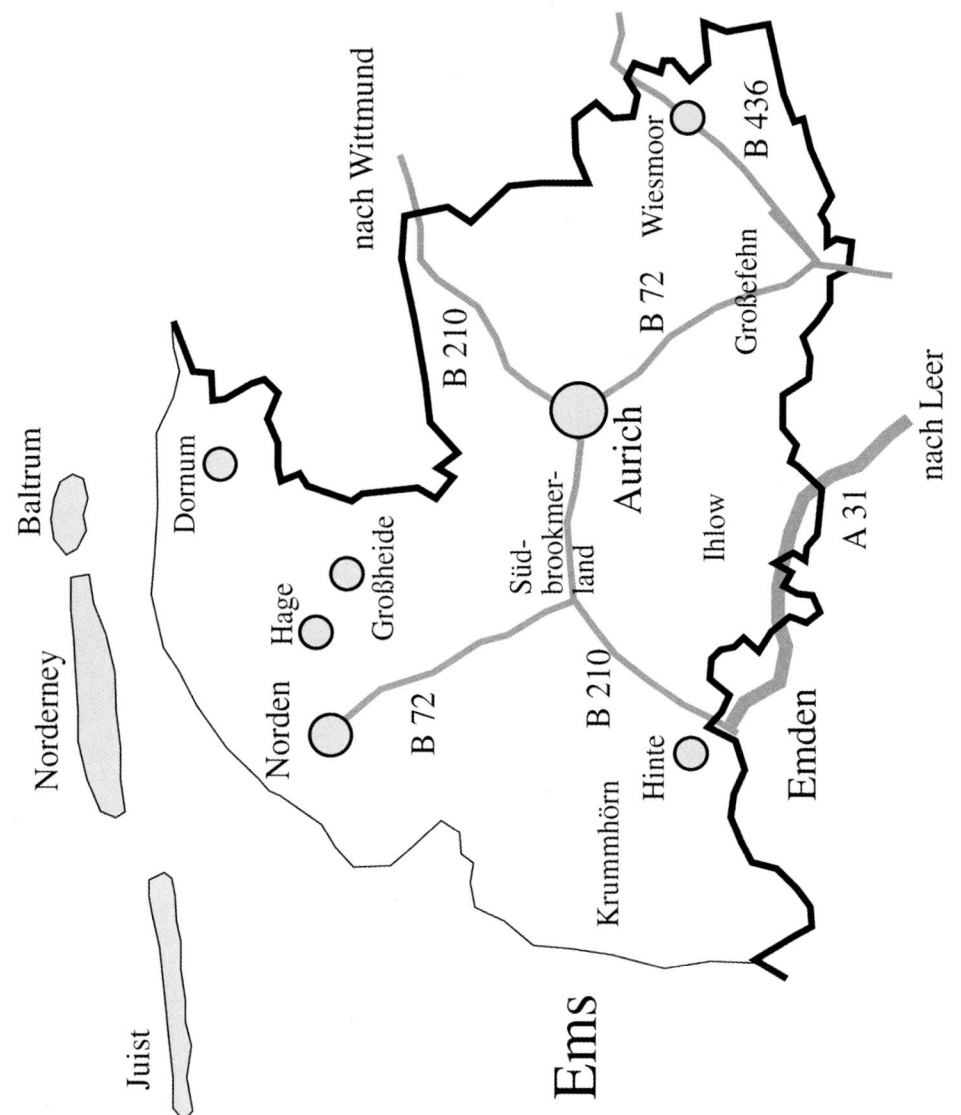

Übersichtskarte Aurich

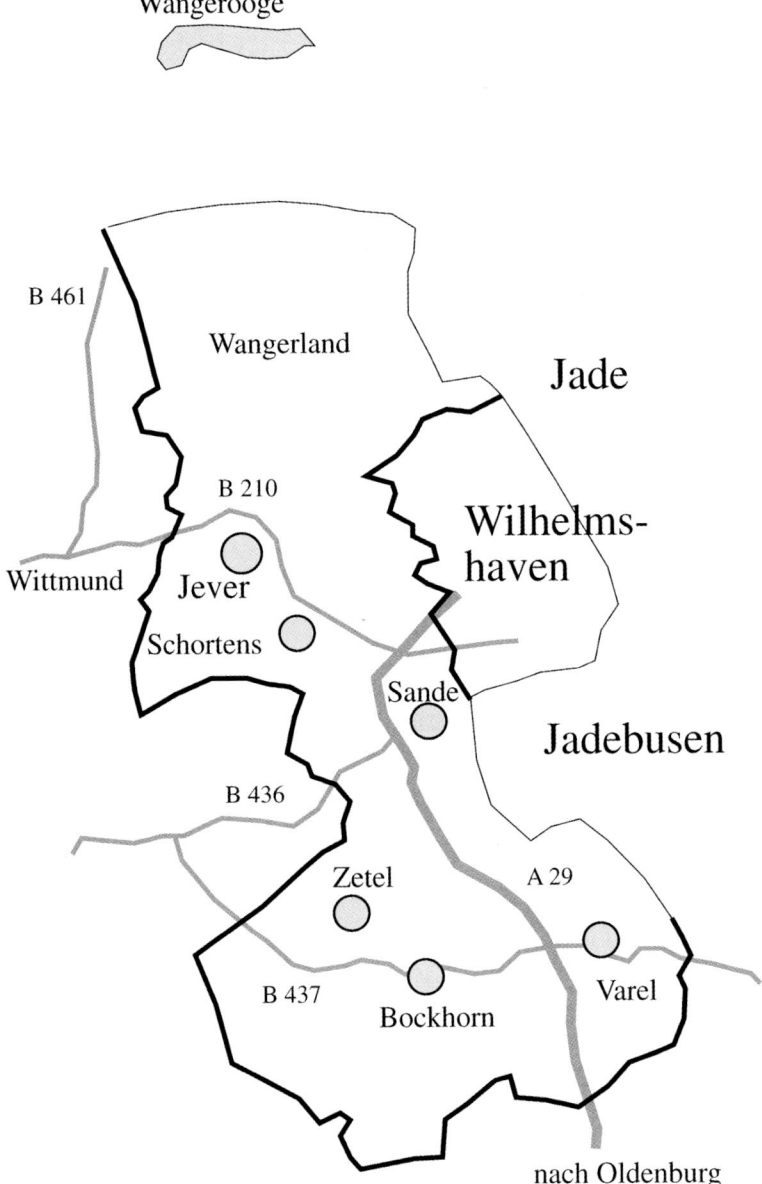

Übersichtskarte Friesland

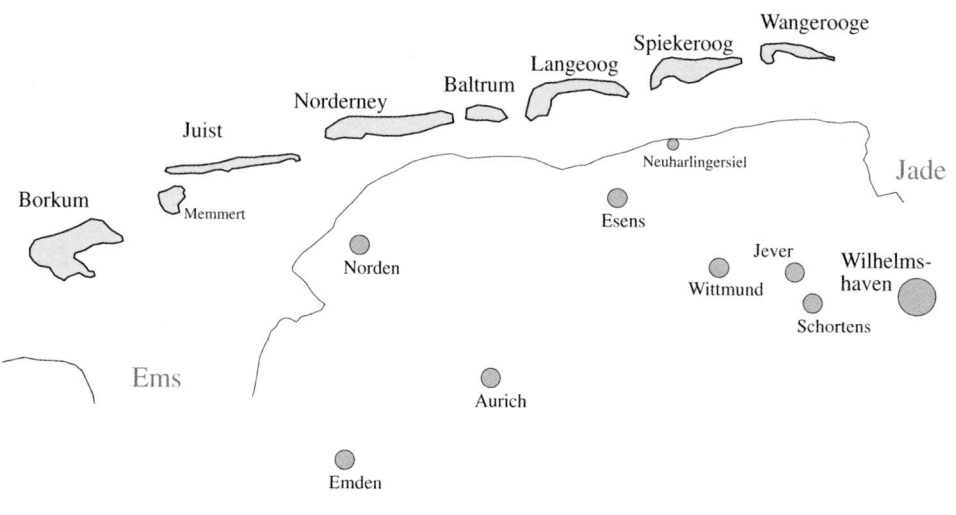

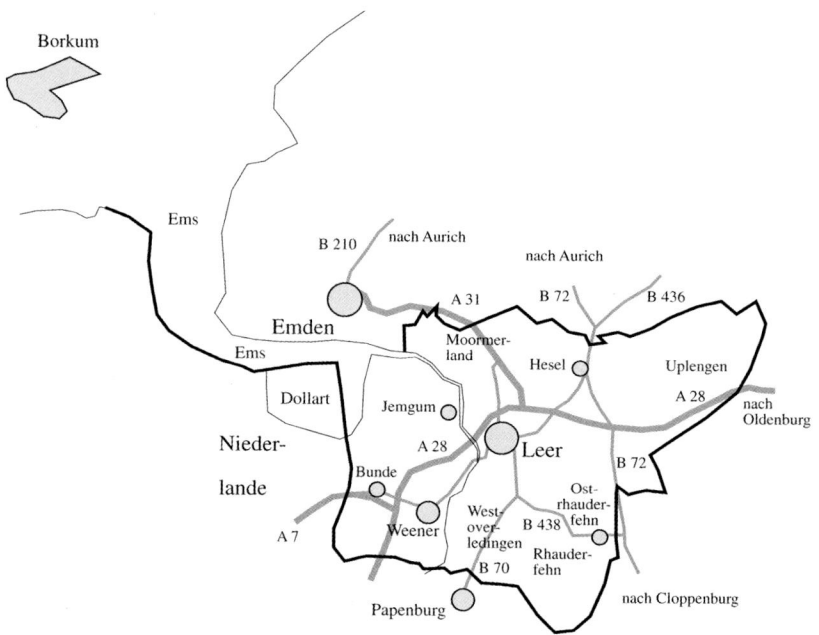

Übersichtskarte Ostfriesische Inseln und Leer

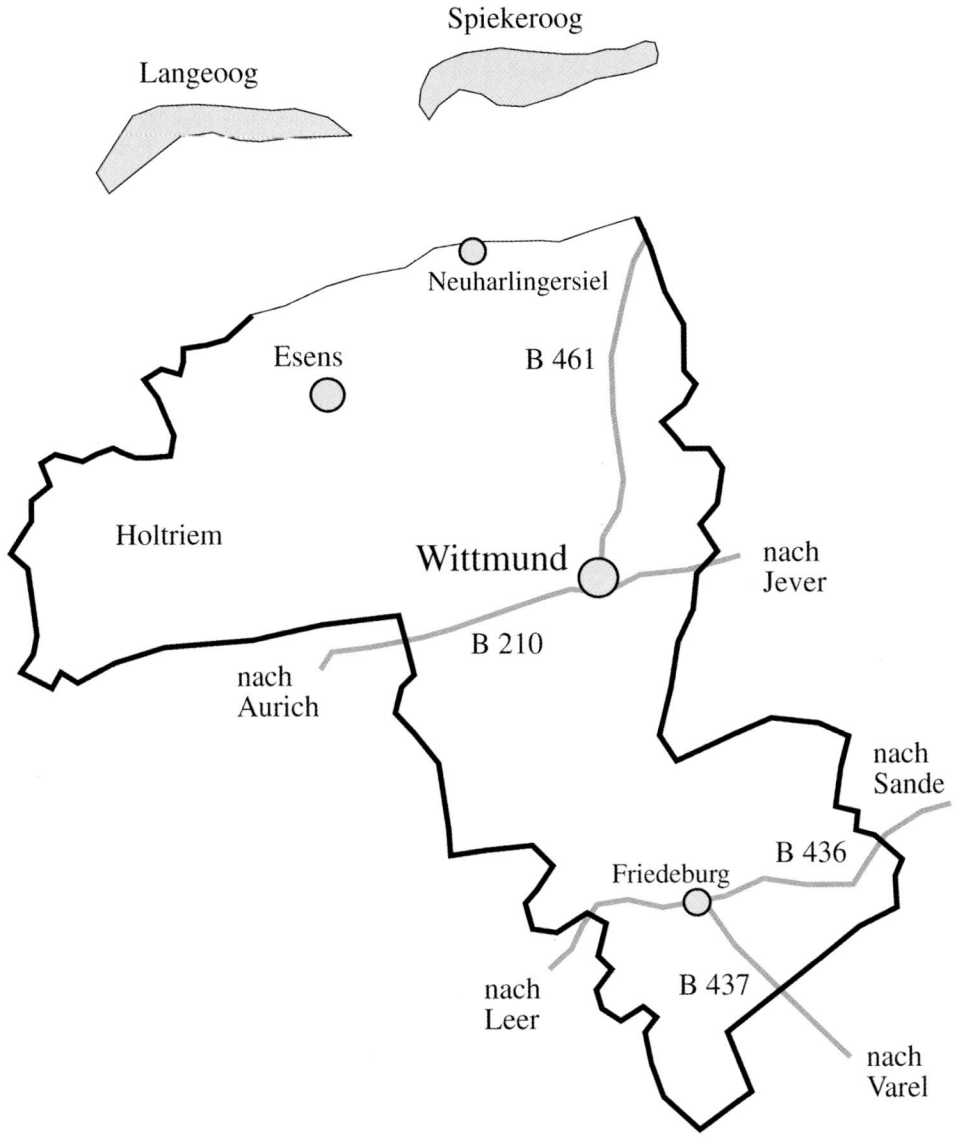

Langeoog

Spiekeroog

Neuharlingersiel

B 461

Esens

Holtriem

Wittmund

nach
Jever

B 210

nach
Aurich

nach
Sande

B 436

Friedeburg

nach
Leer

B 437

nach
Varel

Übersichtskarte Wittmund

WEITERE BÜCHER AUS DEM WARTBERG VERLAG

Josephin Warring
**Freizeitführer Region
Bremen/Oldenburg**
1000 Freizeittips, Ausflugsziele
und Sehenswürdigkeiten
192 Seiten, zahlreiche Farb-
und S/w-Fotos
(ISBN 3-86134-545-5)

Josephin Warring
**Freizeitführer Region
Weser/Elbe**
1000 Freizeittips, Ausflugsziele
und Sehenswürdigkeiten
192 Seiten, zahlreiche Farb-
und S/w-Fotos
(ISBN 3-86134-690-7)

Udo Elerd
Oldenburg
Ein verlorenes Stadtbild
72 Seiten, geb., S/w-Fotos
(ISBN 3-86134-230-8)

Michael W. Brandt
Oldenburg gestern und heute
Eine Gegenüberstellung
48 Seiten, geb., S/w-Fotos
(ISBN 3-86134-397-5)

Matthias Struck
**Dorfleben im Oldenburger Land
in den 50er Jahren**
64 Seiten, geb., Großformat
zahlreiche Farbfotos
(ISBN 3-86134-545-5)

Adolf Sanders
Norden
wie es früher war
72 Seiten, geb., S/w-Fotos
(ISBN 3-86134-642-7)

WARTBERG VERLAG GMBH & CO. KG
34281 Gudensberg-Gleichen, Im Wiesental 1
Tel.: (05603) 9305-0, Fax: (05603) 3083